Henri Lasserre

Das Evangelium Renan's

Henri Lasserre

Das Evangelium Renan's

ISBN/EAN: 9783743345010

Hergestellt in Europa, USA, Kanada, Australien, Japan

Cover: Foto ©Lupo / pixelio.de

Manufactured and distributed by brebook publishing software (www.brebook.com)

Henri Lasserre

Das Evangelium Renan's

Das

Evangelium Renan's

von

Heinrich Lasserre.

Nach der
siebenzehnten, gänzlich umgearbeiteten und beträchtlich
vermehrten französischen Originalausgabe.

Mainz,
Verlag von Franz Kirchheim.
1864.

Vorwort zur deutschen Uebersetzung.

Das berüchtigte „Leben Jesu" von Renan, das in keinem anderen Zweck geschrieben wurde, als das Christenthum in seiner Grundlage, dem Glauben an die Gottheit Christi, zu vernichten, hat einen gerade entgegengesetzten Erfolg gehabt, als der Verfasser beabsichtigte. „Das Buch," sagt ein geistvoller französischer Gelehrter, „ist buchstäblich in seinem Erfolge begraben worden." Es wurde zwar durch die antichristliche Propaganda in ganz Europa, auch in mehreren Uebersetzungen, in Deutschland verbreitet und in der Presse ausposaunt; es fand auch, wie nicht anders möglich, unter dem „gebildeten Pöbel" einen gewissen Anklang. Allein sofort erhob sich dagegen eine so allgemeine Indignation, daß in der That der Person Christi und dem Christenthum, in der neueren Zeit, kaum bei einem anderen Anlasse eine so allgemeine Huldigung zu Theil geworden und so eclatant constatirt worden ist, daß in der wirklich gebildeten Welt die Zeit des gemeinen Unglaubens, wenn er sich auch in elegante Formen hüllt, vorüber sei. Diesmal waren in der Verurtheilung des Buches Renan's nicht bloß die katholische und die protestantische, sondern selbst die unchristliche Wissenschaft und Presse, soweit sie noch auf Ehre und Wissenschaftlichkeit hält, einig. Das Buch Renan's ist unwissenschaftlich, oberflächlich

und **unsittlich**, das ist das einmüthige Urtheil aller
Sachverständigen. In dieser Beziehung stimmen die
Recensionen der protestantischen Gelehrten mit dem
Gutachten überein, welches die **Gelehrtenver-
sammlung in München** jüngst abgegeben hat.
Das ist auch durch eine große Anzahl sowohl gelehrter,
als populärer Gegenschriften, aus allen Kreisen der
literarischen Welt hervorgegangen, in's hellste Licht ge-
stellt. Namentlich hat Frankreich in wenigen Monaten eine ganze Literatur producirt, um für Christus
und das christliche Bewußtsein Zeugniß abzulegen; die
meisten dieser Schriften haben mehrere, zum Theil
viele Auflagen in Kürze erlebt. Die größte Verbreitung hat wohl die gegenwärtige Schrift eines Laien
gefunden, welche in weniger als einem Vierteljahr in
siebzehn und jetzt, wo wir dies schreiben, bereits in
zwanzig Auflagen erschienen ist. Sie verdankt solchen Erfolg offenbar zwei Umständen: dem **Geist**, womit sie geschrieben ist, und ihrer **Kürze**. Der Verfasser hat es meisterhaft verstanden, Renan und sein
ganzes System in einigen scharfen Zügen zu kenn-
zeichnen und zu vernichten. Dabei ist die Darstellung
so spannend, durchsichtig und beredt, daß in dieser
Beziehung die Schrift **Lasserre's** als ein Meisterwerk
bezeichnet werden kann. Eine solche Schrift ist auch
in Deutschland ein Bedürfniß. Daher diese deutsche
Bearbeitung, von der wir hoffen, daß sie nicht ganz
mißlungen sei.

Schreiben des Monsignore von Segur an den Verfasser.

Erlauben Sie mir, verehrter Herr, Ihnen von Herzen zu dem guten Werke Glück zu wünschen, welches Sie dadurch vollbracht, daß Sie mit soviel Begeisterung, Muth und gesundem Menschenverstande das ruchlose Buch des Frevlers Renan widerlegt haben. Jegliche Seite Ihrer Schrift, fast möchte ich sagen: jedes Ihrer Worte, von Wahrheit strahlend, ist ein Brandmal, welches Ihre heilige Entrüstung der Stirne jenes Unglücklichen aufdrückt. Das — seien Sie deß versichert! — das heißt wahrhaft und wirklich lieben, was auch gewisse Geister dagegen sagen mögen, welche sich für gemäßigt halten, während sie in der That gleichgültig sind: das heißt lieben, wenn man laut ruft: „der Wolf!" — denn der Liebe ist es eigen, daß sie das Böse mit derselben Kraft haßt und bekämpft, als sie das Gute liebt und vertheidigt. Verehrter Herr! Sie werden für Ihren Eifer, mit dem Sie den Handschuh des Feindes aufhoben, einen großen Lohn empfangen.

Ihr kleines Buch hat einen unschätzbaren Vorzug in unserer gegenwärtigen Zeit und für eine große Leserzahl: es ist unterhaltend. Trotz der Entrüstung, welche bei Anführung abscheulich gotteslästerlicher Stellen in Einem rege wird; trotz der Ehrfurcht, von wel=

cher der Christ stets bei Nennung des allerheiligsten Namens Jesu sich ergriffen fühlt, muß man doch beim Lesen Ihrer Arbeit über die zahlreichen geistvollen Einfälle lachen, mit denen Sie den kleinen Voltaire des Collège de France nach Verdienst züchtigen.

Ich wünsche Ihrem vortrefflichen Büchlein eine möglichst weite Verbreitung, besonders in den Reihen jener Jugendschaar, an welche vornehmlich der antievangelische Roman des Herrn Renan gerichtet ist; und ich bitte Gott darum, Ihnen fernerhin den gleichen Beistand zu leihen, wenn es gelten wird, die weiteren Bände zu widerlegen, welche man uns über die Quellen des Christenthums noch in Aussicht stellt.

Empfangen Sie, verehrter Herr u. s. w.

✝ **L. G. von Segur,**
Hausprälat des Papstes, Domherr von Saint-Denis.

Paris, 6. August 1863.

Vorrede zur sechzehnten Auflage.

Diese Auflage ist wesentlich verschieden von allen früheren. Wir haben unser Werk vollständig umgearbeitet und sehr beträchtliche Zusätze gemacht: wir haben selbst einen Augenblick daran gedacht, ihm einen

neuen Titel zu geben, weil es zum großen Theile we=
nigstens ein neues Werk ist. Gleichwohl aber, da bei
alledem der ursprüngliche Text vollständig geblieben
ist und derselbe für sich genommen noch immer mehr
als die Hälfte dieser sechzehnten Auflage ausmacht,
konnten wir uns nicht dazu entschließen, irgend Etwas
an diesem Titel zu ändern, unter welchem das Publi=
kum unserem Büchlein eine so gute Aufnahme hat zu
Theil werden lassen, daß fünfzehn Auflagen in weniger
als zwei Monaten vergriffen wurden.

Ein Wort über die Abänderungen, welche wir bei
unserer Arbeit angebracht haben. Dieselben sind zwei=
facher Art: sie betreffen Inhalt und Form.

Sie betreffen den Inhalt. Es sind seit dem Er=
scheinen unserer bescheidenen Schrift zahlreiche und
ausgezeichnete Widerlegungen des Buches des Herrn
Renan veröffentlicht worden. Wir haben dieselben
fast alle gelesen, da wir mit der größesten Gewissen=
haftigkeit über den Gegenstand, welchen wir selber be=
handelt hatten, immer mehr Licht uns zu verschaffen
bemüht waren. Hieraus und aus unserem eigenen
Nachdenken sind die zahlreichen und bedeutenden Ver=
mehrungen entsprungen, welche wir unserem Buche
glaubten angedeihen lassen zu müssen und welche wir
gegenwärtig veröffentlichen. Insbesondere haben wir
eine sorgfältige Prüfung der verfälschten Texte vorge=
nommen, viele neue Sätze eingeschaltet und die evangeli=
schen Texte, die wir französischen Uebersetzungen vor=
läufig entlehnt hatten, selber genau übersetzt; endlich
haben wir noch ein Kapitel in Bezug auf die „Brü=

der" Jesu, welches wir für unwiderleglich halten, zugefügt.

Die Abänderungen, von denen die Rede ist, betreffen ferner die Form. Wir hatten bei dem Niederschreiben des Evangeliums Renan's gefürchtet, bisweilen die Mäßigung überschritten zu haben und allzu heftig geworden zu sein: nun aber haben wir die Ueberzeugung gewonnen, daß wir hinter der Entrüstung zurückgeblieben, welche zur Ehre des öffentlichen Sittlichkeitsgefühls sich allenthalben Luft gemacht hat. Darum fühlt sich gegenwärtig unsere Feder freier, wenn sie Ausdrücke von altem Schrot und Korn gebraucht. Was das Geschrei betrifft, welches man in den antikatholischen Zeitungen gegen uns erhoben, sowie die Schmähungen, mit denen man uns beehrt hat, so kann man sich wohl vorstellen, daß dergleichen uns nicht einzuschüchtern und der Freiheit unserer Sprache Zügel anzulegen vermag. Diese Freiheit nehmen wir uns jetzt erst recht. Der göttliche Meister selbst war gemeint, Strenge zu üben gegen die Entweiher des Heiligthums, und so nehmen wir durchaus keinen Anstand, nunmehr die Geisel aus Stricken in die Hand zu nehmen, um die Schacherer aus dem Tempel zu treiben.

H. L.

Das Evangelium Renan's.

I.

Ich las einmal irgendwo folgende schreckliche Geschichte. Ein General, der ein vortrefflicher Pistolenschütze und durch die staunenswerthe Sicherheit seines Schusses berühmt geworden war, ein Mann von Kopf und Redegewandtheit und vor Allem ein ausgemachter Duellant, fing eines Tages — ich weiß nicht mehr wie? — mit einem liebenswürdigen und gutmüthigen blutjungen Menschen, der bei Jedermann beliebt war, Händel an. Tags darauf sollte das Duell statthaben. Der General, welchem durch das Loos die Wahl der Waffen zugefallen war, hatte Pistolen gewählt. Der junge Mann schoß zuerst und fehlte. Da senkte der alte Kampfhahn seine Waffe und sagte zu ihm mit väterlichem Tone: „Junger Mann, Sie sind kaum zwanzig Jahre alt; es fehlt Ihnen nicht an Anmuth, Herz und Geist; Sie sind im Besitze aller Eigenschaften, welche eine glückliche Zukunft versprechen. Heiter liegt das Leben vor Ihnen ausgebreitet; Ihre Seele wiegt sich in tausend süßen und berechtigten Hoffnungen. Sie wünschen zu leben, nicht wahr? zu leben für Ihre Mutter, für Ihre Braut, die Sie lieben. Wohlan! erheben Sie Ihren Blick zu diesem schönen Himmel, denken Sie an Ihre gute Mutter, an Ihre Geliebte; öffnen Sie Ihre ganze Seele allen Verheißungen des Glückes, die das Leben Ihnen bietet..."

Auf solche Weise sprach der General noch mehrere Augenblicke fort. Seine Stimme war bewegt; er schien innigst gerührt. Groß und beredt stand er da; es waren die edelmüthigsten Worte, die man hören konnte. Sie hatten offenbar den Zweck, Denjenigen, an welchen sie gerichtet waren, mächtig zu ergreifen. Der vortreffliche junge Mann wurde bis in den innersten Grund seiner Seele ergriffen. Plötzlich, unfähig zu widerstehen, wollte er sich einem so großmüthigen Gegner in die Arme stürzen.

„Warten Sie, mein Herr," sagte der alte Duellant, seine Waffe erhebend, um anzulegen, „warten Sie! ich habe noch nicht geschossen. Sie sollen jetzt sterben."

Und mit einem Pistolenschusse, kalten Blutes gezielt, traf er ihn in die Stirne. Der Unglückliche stürzte Augenblicks todt zu Boden.

„Ausgezeichnete Pistolen!" sagte der Duellant.

Wenn ich die rednerischen Stellen lese, welche hie und da in den Schriften des Herrn Renan vorkommen; wenn ich insbesondere jenes „Leben Jesu" lese, welches er bei einem Juden herausgegeben hat, so muß ich fort und fort an jene Geschichte denken. Der schöne Styl, in dem er sich gefällt, erinnert mich an die schöne Rede und die künstliche Rührung des alten Kampfhahns. Untersuchen wir mit einander, lieber Leser, was es mit diesem Buche auf sich hat!

Herr Renan redet mit einem oft beweglichen Tone, mit einem manchmal schmelzenden Gefühle von der göttlichen Religion, die unser Heiland gestiftet, von dem Himmelreich, welches die erhabenste Hoffnung und der Trost aller Derjenigen ist, die hienieden leiden; geflissentlich kommt er immer wieder darauf zurück, wie herrlich und rührend solch ein Ideal ist, wie sehr es den Bedürfnissen der menschlichen Seele entspricht; er zeigt uns in Jesus das edelste und größeste aller Wesen, die bisher auf Erden erschienen; und wenn es ihm nun gelangen ift, die Seelen feiner Lefer zu rühren und von Dem, was fie vielleicht nur unbeftimmt geahnt hatten, den Begriff ihnen beizubringen, dann fagt er kalt: — mit dergleichen Hoffnungen ift es nichts. Diefer Menfch war nicht Gott; folglich, wenn feine Moral vollkommen ift, fo ift fein Paradies chimärifch. Diefe Perfon, die ich als ein lebendes Wefen, als das fchönfte, größefte und befte der Menfchenkinder euch lieben gelehrt habe, fie ift todt, ganz und gar todt. Er ift keineswegs auferftanden und ihr werdet ihn nie wiederfehen. Schweigt mir von feinen Wundern: diefer Menfch war vollkommen und in alle Ewigkeit nicht wieder wird die Erde eine fo hohe Vollendung fehen; aber er war zugleich ein Lügner, ein Betrüger, ein Gotteslästerer, und feine Wunder waren Gaukelei. Betet alfo nicht zu Jefus, er hört euch nicht. Betet auch nicht zu Gott, er läßt die unbeugfamen Gefetze, die die Welt beherrfchen, ungeftört walten. Der Himmel, in deffen Herrlichkeiten ich euch einen Blick verftattet, er exiftirt nicht. Das ewige Leben, mit dem ich euer Herz in Hoffnungen gewiegt, man muß darauf verzich= ten. Sterben müffen wir, und wenn man ftirbt, hat Alles ein Ende: weiter gibt es Nichts! — weiter

Nichts! weiter Nichts! weiter Nichts! Lasciate ogni speranza ¹). Dies Wort, das Dante über den Eingang der Hölle geschrieben, ist das letzte Wort meiner Philosophie!

Es ist jedoch, müssen wir alsbald bemerken, ein großer Unterschied zwischen jenem abscheulichen Duellanten und dem Professor des Collège de France. Jener Duellant that seinen Pistolenschuß und tödtete seinen unschuldigen und unglücklichen Gegner. Herr Renan hat Niemanden getödtet; er entladet seine Waffe gegen den Katholicismus, von einer Wunde ist aber keine Spur. Mit der tiefsten Achtsamkeit, mit der ängstlichsten Sorgfalt, unter unendlichen Vorsichtsmaßregeln zielt er auf Gott, auf Ihn, den Allgegenwärtigen ... und trifft ihn nicht!

Als Dialektiker ist er unter der Mittelmäßigkeit, und es wird leicht sein, davon einige Beweise zu geben. Was den Schriftsteller betrifft, so versteht er sein Handwerk nicht übel und besitzt ein unleugbares Formtalent. Ich müßte mich sehr an dem Manne irren, wenn nicht dieses arme Lob ihn für Alles, was ich im Uebrigen

---

1) Laßt jede Hoffnung schwinden!

über seine Person oder sein Buch werde zu sagen haben, trösten sollte.

Also, er hat Talent, mit aller Offenheit erkenne ich das an; und sein Styl führt in seinen unklaren Fluthen, die trüb sind wie ein unruhiges Gewissen, einige Edelsteine vom schönsten Waſſer mit sich. Eben dieses Talent aber, welches nur, wenn es im Dienste der Wahrheit steht, ganz fügsam und gewiſſermaßen ganz zu Handen ist, dieses Talent, welches durch eine kalte Parteinahme des Willens dem Irrthum dient, — dieses Talent eben ist es, welches auf das Haupt des Verfaſſers des „Lebens Jesu" eine schreckenerregende Verantwortlichkeit häuft.

Treffend sagte der Graf von Maistre, da er von einem großen Feinde Gottes redete: „Vergebens suchen seine hirnlosen Bewunderer unbeschreibliche Frevel zu verschleiern, indem sie unsere Ohren betäuben mit einem Schwalle wohlklingender Worte, hergenommen aus Stellen, wo er über Gegenstände der höchsten Verehrung vortrefflich geredet hat. Diese freiwillig Blinden sehen nicht, daß sie hierdurch jenen strafwürdigen Schriftsteller vollends verdammen. Wenn Fenelon mit derselben Feder, welche die Freuden des Elysiums geschildert, den Fürsten geschrieben hätte, so würde er hundertmal schlechter und strafwürdiger als Macchiavell sein. Das größeste Verbrechen dieses Menschen besteht in dem Mißbrauche des Talentes und in der Prostitution eines zur Verherrlichung Gottes und der Tugend geschaffenen Genies."

Wir sind weit entfernt, von dieser Stelle, welche Herr von Maistre mit ausdrücklichem Bezuge auf Voltaire niederschrieb, auch nur die minbeste Anwendung auf Herrn Ernst Renan zu machen. Herr Renan ist durchaus kein zweiter Voltaire, so wenig als Frau Louise Colet eine zehnte Muse. Uebrigens fällt uns von eben diesem Voltaire ein Wort ein, welches uns zwar nicht rücksichtsvoll in Bezug auf die Todten, wohl aber für das praktische Leben sehr geeignet und sehr verständig scheint: „Den Lebenden," sagt er, „sind wir alle möglichen Rücksichten schuldig, den Todten nur Wahrheit." Wohlan denn, reden wir von Herrn Renan mit allen den Rücksichten, die er verdient als Lebender; reden wir von ihm selbst mit der Achtung, welche dem geistlichen Kleide gebührt, das er einst getragen hat!

II.

Es stecken zwei Personen in Herrn Renan, der Seminarist und der ....., was kümmert uns der Name des zweiten? Einerseits hat er eine christliche Einbildungskraft, anderseits scheint er ein atheistisches Herz zu haben. Wenn er das Leben des „Menschensohnes" erzählen will, so befragt er seine Einbildungskraft, wie sie einst im Schatten der Altäre und in der Kühle der hohen Bäume des Seminars erblühet ist, und findet feine und köstliche Dinge, sowie ein oft merkwürdiges Verständniß alles Schönen und Guten; gilt es aber zu urtheilen und zu schließen, so hört er auf sein Herz und spricht: „Es gibt keinen Gott." Schrecklicher Gegensatz! die Einbildungskraft lebendig, voll Reiz, Duft und Farbe, — die Seele verwelkt und dem Anscheine nach todt! Das ist Maienblüthe über der Fäulniß eines Grabes.

Der Weihrauchduft des Heiligthums erfüllt auf Augenblicke die öden Hallen seiner Seele mit Wohlgeruch. Sonderbarer Widerspruch! er glaubt nicht an Gott, aber darunter leidet seine Andacht nicht. Bisher wollten die Atheisten die Religion abschaffen: seine Absicht ist das nicht. Er knieet, er wirft sich nieder vor einem Altare ohne Gott. Mit heiliger Inbrunst betet er eben Den an, an den er nicht glaubt. „Die Liebe bedarf nicht des Glaubens," sagt er mit allem Ernste [1]). Es ist durchaus nicht die trostlose Philosophie des Atheismus: es ist die zarte Religion des Nichts, was er stiften will. „Ich bete Dich an, ich liebe Dich und küsse Deine heiligen Füße, o Du, den ich über Alles liebe, o mein Gott .... der Du nicht bist! Und gerade eben darum, weil Du nicht bist, darum habe ich Dir einen so glühenden Dienst geweiht!" Das ist der Inhalt seines übrigens ganz ernst gehaltenen Gebetes; das ist seine verzückte Rede.

Wahrlich, durchaus nicht vergeblich hat er einst das weiße Chorkleid des Leviten getragen; hat er auch den Glauben verloren, so hat er doch nicht fertig gebracht, sich von allem frommen und mystischen Wesen loszumachen. Er ist ein frommer Atheist.

Oder vielmehr ein mystischer Atheist [2]).

---

1) Einleitung. S. 59.

2) Diejenigen, welche uns der Verläumbung des Herrn Renan anklagen und uns entgegenhalten möchten, daß der Name Gottes so oft in dem „Leben Jesu" wiederholt wird, mögen nur den Anhang lesen, den

Wir haben hiemit den ersten Eindruck geschildert, welchen man beim Lesen der Werke des Herrn Renan empfängt. Der zweite kann mit demselben mehr oder weniger in Widerspruch stehend erscheinen; aber wenn es sich um Herrn Renan handelt, so muß man sich schlechterdings von vornherein damit durchdringen, daß der Widerspruch das Gesetz seines Lebens und seines Geistes ist. Er ist das Ja und das Nein, das Für und das Wider; er ist wie Janus mit zwei Gesichtern versehen und mit zwei Physiognomien wie Tartuffe, mit seinem Verstande Nein sagend zu Dem, was er von einer anderen Seite seines Wesens aus behauptet; manchmal dem Anscheine nach mit beiden Geschlechtern zugleich begabt, gleich darauf mit keinem von beiden: bald geschlechtslos wie Narses oder Mesrur, bald Her-

---

wir am Ende dieses Werkchens beigefügt. Es werden von Herrn Renan Gott alle Vollkommenheiten zuerkannt, die Güte, die Gerechtigkeit, die Macht. Nur eine einzige wird ihm versagt: die Existenz. Dieser Gott hat einige Aehnlichkeit mit dem Pferde Rolands, welches alle möglichen Vollkommenheiten und nur einen einzigen Fehler hatte, nämlich den, daß es todt war.

maphrodit. Möge nun die Schilderung des zweiten Eindruckes folgen, den man beim Lesen seiner Werke erhält.

Dieser Mann scheint sein Leben einer einzigen Frage, einem einzigen Satze, der immer wiederkehrt, gewidmet zu haben: „Gott ist ein gutes altes, nur etwas hartes Wort. Es gibt nichts Uebernatürliches; es gibt kein anderes Leben; es gibt weder Himmel noch Hölle." — Man nehme eines seiner Bücher, gleichviel welches, immer sucht er dies Eine zu beweisen; aber, gleich als wenn es ihm immer noch nicht fest genug stünde, setzt er immer wieder neu an; man ist versucht zu glauben, daß etwas Persönliches hierbei im Spiele ist und daß er nicht ruhig schlafen kann ohne die Gewißheit des Nichts. Immer wieder von Neuem macht er sich daran. Warum? wozu so viele Mühe? wozu so viele Kräfte an einen einzigen Punkt verschwenden? Warum diese fortwährende Anstrengung, die Einen an den alten Sysiphus erinnert, wie er mit seinem ewigen Felsblocke ringt.

Warum?

Herr Renan hat, ihm selbst vielleicht unbewußt, sein Geheimniß uns verrathen, da er sein berüchtigtes

Wort niederschrieb: „Gott ist ein gutes altes Wort," und dann hinzufügte: „nur etwas hart." O ich begreife es sehr wohl, dieses absonderliche Epitheton. „Gott ist hart" für Denjenigen, der die Altäre der Kirche verlassen hat, um sich auf die Kanzel des Atheismus zu schwingen; er ist hart, ja sehr hart und hat immer mit einem furchtbaren Gewichte auf der Brust der Apostaten gelastet.

„Gott ist hart und schwer!" wie ein gräßlicher Alp, der uns am hellen Tage bedroht, geschweige denn, daß er unsere Nachtruhe stört. „Gott ist schwer!" und der frühere Seminarist möchte um jeden Preis diese unerträgliche Last los werden.

Wer nur einige Kenntniß der menschlichen Natur besitzt, für den ist es leicht, das Geheimniß dieser finsteren Seele zu durchdringen. Dieser Mensch, dessen Stirne gleich beim Eintritte in das Leben mit dem unaustilgbaren Siegel der Taufe bezeichnet wurde; dieser Mensch, der nach dem rührenden Ausdrucke des Katechismus zu einem „Kinde Gottes und der Kirche" gemacht, der Jesu Christo einverleibt, der ein Glied Jesu Christi wurde und zwar für alle Zeiten: dieser Mensch, sag' ich, muß gegenwärtig sehen, wie sein ursprünglicher Ruhmestitel zum ewigen Brandmal wird. Es ist ein Christ, der sich in einer kalten Raserei zerarbeitet.

Ich meine den Dialog zu hören, der in seinem Inneren gehalten wird, und ein Zeuge des schrecklichen Drama's zu sein: „Und Jesus Christus ist dennoch Gott!" so ruft aus der Tiefe dieser Seele jene gewaltige Stimme des Gebieters, welche kein Mensch zu ersticken vermag. „Nein! nein!" widerredet der verstörte Geist, „hinweg mit allen deinen Schrecken, Jesus ist nur ein Mensch. Sei ruhig! sei ruhig! Ich will Beweise auf Beweise häufen, er ist nichts weiter als Mensch!"

Hieraus erklären sich alle seine Bücher. Herr Renan mag reden, was er will, er ist deß nicht gewiß, daß Gott nicht ist, und wenn er so große Anstrengungen macht, um Anderen es zu beweisen, so geschieht das nur, um sich selbst davon zu überzeugen:

Ihn kränkt das Heiligthum, das er verlassen;
Und was ihn kränkt, das sollte er nicht hassen?
Gott selbst, von dem ihn Sünde hieß zu weichen,
Den möcht' er aus der Wesen Reihe streichen.

Diese Eingenommenheit ist ständig. Es ist deutlich zu sehen, daß er sich in der Einsamkeit und Tiefe seiner Seele beunruhigt fühlt.

Ebenso verlegen ist er gegenüber dem Publikum: immer stört ihn seine falsche Stellung als früherer Seminarist, und vermöge einer eigenthümlichen optischen Täuschung bildet er sich ein, daß Jedermann stets daran denkt. Wird in seiner Nähe geflüstert, so erschrickt er und wird roth. „Sicherlich spricht man davon!" sagt er zu sich selber.

In der That ist Herr Renan ein ehemaliger Geistlicher; er hat die Tonsur empfangen; er hat die niederen Weihen erhalten; er ist Ostiarius, Exorcist, Lector, Akoluth.

Und vormals am Altar
Bot Weihrauch er dem Priester dar.

Die Erinnerung hieran quält und verfolgt ihn. Aehnlich dem Herkules, dem Sohne des Zeus und der Alkmene, da er vergeblich sich bemüht, Deianira's Gewand von seinen Schultern zu reißen; dem Sohne Alkmenens ähnlich, scheint Herr Renan stets mit einer Soutane in einem verzweifelten Kampfe zu stehen.

Man hat allgemein die Bemerkung gemacht, daß dieser Professor ewig von einer geheimen Unruhe gequält wird, gequält von dem Drange gleichsam, sich von einer Schuld, die ihn innerlich peinigt, zu rechtfertigen. Eine Mücke, die trotz allem Scheuchen immer wieder kommt, sitzt auf seiner Feder, und seine Werke scheinen nur ein einziges Ziel zu haben. Sei es, daß er einen sprachlichen Gegenstand behandelt oder daß er ein philosophisches System erfindet, sei es, daß er deutsche Bücher erklärt oder daß er das Hebräische in Uebersetzungen liest: man fühlt, daß allen diesen Arbeiten Eines zu Grunde liegt, die Absicht nämlich, eine Erklärung darüber zu geben, warum er das Seminar verlassen, warum er die unvertilgbare Soutane ausgezogen, warum er das weltliche Kleid mit dem geistlichen vertauscht hat. Gerade so wie in jedem Romane einer gewissen modernen französischen Schriftstellerin dieselbe Grundidee, dasselbe Moralprincip immer wiederkehrt, welches in nichts Anderem besteht, als darin, die Trennung von ihrem Manne zu rechtfertigen.

Ich begreife diese Unruhe und diese Qualen. Ich begreife, daß es für Herrn Renan ein Bedürfniß ist, immer von Neuem wieder anzusetzen, um mit dem Schwamme über sein Gedächtniß zu fahren, um die lästigen Erinnerungen an Wohlthaten auszulöschen, welche von eben den Menschen, gegen die er seine Angriffe richtet, in demselben Tempel, den er zu zerstören sucht, im Namen desselben Gottes, den er aus dem Herzen der Menschen zu verdrängen bemüht ist, ihm einst zu Theil geworden sind. Herr Renan war arm, und er hat leibliche und geistliche Almosen aus jenen mütterlichen Händen der Kirche, die er gegenwärtig zu schlagen sucht, empfangen. Die Kirche hat ihn aus Liebe ernährt, aus Liebe erzogen, aus Liebe gekleidet.... Das haben sein Herz und sein Geist zu ihrer Pein im Gedächtniß behalten: man merkt es allen seinen Büchern gar wohl an.

Doch wenden wir die Augen hinweg von diesem Anblicke und öffnen wir den Roman, der den Titel führt „Leben Jesu." Was für ein Werk ist es? welchen Weg schlägt der Verfasser ein? O seine Verfahrungsweise ist sehr einfach: sie beschränkt sich darauf, an einem authentischen Texte zu streichen, was ihm beliebt, Anderes, was nicht darin zu finden, einzuschalten, daraus ein geordnetes Ganze zu machen und das Ding dann in Umlauf zu setzen. Wenn solch eine Verfahrungsweise bei Notariatsinstrumenten, bei Wechseln, bei Privatverträgen, kurz bei dem Texte irgend eines Actes angewendet wird, der die Bestimmung hat, materielle Interessen zu wahren: so heißt das Fälschung einer öffentlichen Urkunde oder einer Privatverschreibung, und bringt seinen Mann gemeiniglich ganz anderswohin, als in das Institut. Handelt es sich aber um etwas Philosophisches und Religiöses, was ja ohne Zweifel nicht viel zu bedeuten hat, da nimmt es das Gesetz nicht so genau, und den Dummen nur könnte es einfallen, da Veranlassung zu finden, um Widerspruch zu erheben und Aergerniß zu nehmen. Ist es nicht klar, daß, was nicht verboten ist, erlaubt sein muß?

Nehmen wir denn das System zur Hand und setzen wir es auseinander, ohne uns in Aufregung bringen zu lassen.

III.

Das Evangelium ist die Geschichte des Gottmenschen Jesus Christus. Das Grundverfahren des Herrn Renan besteht nun darin, den Christus von Jesus, die Geschichte des Gottes von der Geschichte des Menschen zu scheiden, sodann die erstere ganz ruhig zu übergehen, gleich als wenn nur in der Märchenwelt je davon die Rede gewesen wäre, und die zweite nach Art und Weise eines Romans zu erzählen mit jener gewissenhaften Aengstlichkeit, wie sie derart Werken eigen ist.

Die Gottheit in Jesu Christo zu unterdrücken; mit einem Federzuge von den Altären, die die Welt bedecken und auf denen die Welt ihn anbetet, ihn in den Rang eines anmuthigen Philosophen herabzusetzen, eines Philosophen, der, ja freilich! „durchaus kein Element hellenischer Cultur," „schlechterdings keine Kenntniß des allgemeinen Weltzustandes [1])" in sich trägt, „der von der aristokratischen Gesellschaft nie eine andere Vorstellung hat, als ein junger Landmann, der die Welt durch das Prisma seiner Natureinfalt betrachtet [2])," der das atheistische Gedicht des Lucrez durchaus nicht gelesen hat und folglich „Nichts von den Fortschritten der Zeit weiß," trotzdem übrigens ein „trefflicher Weiser," „ein herrlicher Sittenlehrer" ist, „der erhabene Lehren in einige lebendige und kurzgefaßte Aphorismen einzuschließen sucht," „ein überschwenglicher Revolutionär," „der Held eines köstlichen

---

1) S. 38. — 2) S. 40.

Hirtengedichtes ¹),“ u. f. w. u. f. w.; den Sohn des Allerhöchsten, den Erlöser und Heiland der Menschen, den seit Jahrtausenden von den Propheten verkündeten Messias, die Erwartung und Sehnsucht der Völker, den allmächtigen Gott des Himmels und der Erde, unseren Herrn Jesum Christum zu verwandeln in eine durchaus menschliche Person, in einen Vorgänger Renan's, so zwar, daß besagter Renan als der Fortsetzer und als der erste wahrhaft befugte und untrügliche Evangelist zu gelten hätte: das war doch wahrhaftig ein beispiellos kühnes Unternehmen, ein Unternehmen, welches nothwendiger Weise durch mehrfache Beweisgründe hätte gerechtfertigt und durch mehrfache Belege gestützt werden müssen.

Alle Welt, Freund und Feind, war darauf gefaßt, daß ein furchtbarer Angriff auf das Christenthum gleich einem Donnerschlag losbrechen werde. Herr Renan schrieb sein Buch, der Berg war in Kindesnöthen. Die kleine Tafelrunde des Atheismus sang Siegeslieder zum Voraus. Es sollte die letzte Stunde der Gottheit schlagen.

---

1) S. 67.

Der Berg hat endlich geboren. Allgemeine Enttäuschung! Wo sind die Beweise? wo die gewaltige Dialektik? welche wenn auch nur scheinbare Beweisgründe legt Herr Renan seinem Buche zu Grunde? was ist von wirklicher Logik darin zu treffen? Das Eine Mal Nichts, schlechterdings Nichts, was man so recht eigentlich Nichts nennt; das andere Mal unendlich weniger als Nichts. Er hat, ganz einfach, einen Roman über die evangelischen Zeiten geschrieben, wie Herr Alexander Dumas die drei Musketiere auf die Regierung Ludwig's XIII., wie Gustav Flaubert Salammbô auf die carthagische Zeit gedichtet hat.

Herrn Gustav Flaubert würde es niemals in den Sinn gekommen sein, auf den Stifter des Christenthums einen Roman zu machen, weil er keine störende Jugenderinnerung hat, die ihn fort und fort stachelte, wider die Religion zu keifen; aber für Herrn Ernst Renan gibt es so etwas Quälendes, wie wir schon angedeutet haben: auch hat er auf den Gegenstand, auf welchen er in seiner Befangenheit fortwährend seine Gedanken richtet, ein Talent verwendet, welches dem des Verfassers von Salammbô so ziemlich gleichkommt. Herr Ernst Renan in seinem „Leben Jesu"

ist ein Gustav Flaubert, der sich in einem Weihwasser=
kessel windet und dreht.

Ich muß die Herren Alexander Dumas und Flau=
bert dieser Zusammenstellung wegen um Verzeihung
bitten, denn weder der Eine noch der Andere ist so
wahnsinnig gewesen, mit seinen Dichtungen den An=
spruch zu machen, welchen in unglaublicher Kühnheit
Herr Ernst Renan in Bezug auf seinen Roman vom
"Leben Jesu" gewagt hat. Er gibt diese literarische
Phantasie für Geschichte aus, was sage ich? für die
einzig wahre, authentische, zuverläßige Geschichte. Er
verlangt, daß man ohne Beweise, auf seine einfache
Aussage hin, bereit sei, es zu glauben, ja noch viel
mehr, wie deutlich zu sehen ist, wie ein Evangelium es
hinzunehmen; mit der größesten Unbefangenheit wagt
er zu fordern, daß man ohne irgend eine wirkliche
Grundlage, bloß auf sein Ehrenwort, auf das Ver=
trauen hin, welches man zu seiner Wissenschaft oder
zu seiner Rechtlichkeit haben kann, um seines Roma=
nes willen die Tradition der Jahrhunderte verwerfe,
welche sich auf die Zustimmung der größesten Geister
der Menschheit stützt und gleich bei ihrem Entstehen
durch Millionen von Blutzeugen beglaubigt worden ist.

Das Evangelium St. Matthäi, das Evangelium St. Marci, das Evangelium St. Lucä, das Evangelium St. Johannis haben für immer zu verschwinden: Novus rerum nascitur ordo¹), die wiedergeborene Menschheit wird im Besitze nur eines einzigen Buches sein: Βιβλίον, das Evangelium Renan's.

Gestehen wir: wie groß auch das Gewicht sein mag, welches Herr Renan als clericus simplex, Ostiarius, Exorcist, Lector und Akoluth haben mag: jene Zuversichtlichkeit erst legt das rechte Gewicht in die Schaale.

Merkt euch indessen wohl, daß er keine Beweise gibt, es müßten denn drei oder vier Albernheiten dafür gelten sollen, welche wir sogleich hinwegfegen werden, und vorgebliche Verweisungen auf den Text, welche nichts Anderes sind, als eine feine Fälschung. Auf solche Weise entgeht die Grundidee des Buches der Widerlegung und man wird genöthigt, sich mit Einzelnheiten herumzuschlagen. Was den Hauptanspruch des Verfassers betrifft, daß er nämlich alles Ernstes verlangt, man solle sein Werk als ein fünftes Evan=

---

1) Es beginnt eine neue Ordnung der Dinge.

gelium, ja gar als das einzige Evangelium hinnehmen, so kann man darauf nur mit einem unendlichen Gelächter antworten. Gesetzt, eines schönen Tages käme Herrn Flaubert die sonderbare Anwandlung, Salammbô als eine wirklich geschehene Geschichte mir zu geben, als eine bis in's kleinste Pünktchen genaue Geschichte, im Ganzen wie im Einzelnen so authentisch, wie die Ausfertigung einer gerichtlichen Urkunde. Was Anderes könnte ich da thun, als solch einem lustigen Bruder in's Gesicht lachen und mit ihm wie mit einem „Spaßmacher" umgehen? Gerade so muß ich es mit Herrn Renan machen, trotz meiner Hochachtung vor einer ehemaligen geistlichen Person.

Wie aber war es möglich, daß solch eine Narrheit in einem menschlichen Gehirne sich einnistete? Die Evangelisten — Herr Renan gesteht es zu — waren aufrichtige Leute: sie hatten Jesum gekannt und waren mit ihm umgegangen; sie waren Augenzeugen gewesen von Dem, was sie erzählt haben. Zwei von ihnen, der heilige Matthäus und der heilige Johannes, waren während seines öffentlichen Lebens auch nicht einen Augenblick von seiner Seite gewichen; Dasselbe erkennt Herr Renan an in Bezug auf den Dritten, da er er=

klärt, das Evangelium des heiligen Marcus sei so ziemlich in die Feder dictirt vom heiligen Petrus. Der heilige Lucas war der Gefährte des heiligen Paulus, und er ist es, der die Apostelgeschichte geschrieben hat.

Würde Herr Renan diesen Ausgangspunkt bestreiten, so begriffe ich vollkommen, daß er bei seinem Resultate anlangte; von dem Augenblicke an aber, wo er jene Data annimmt, wo er sagt: „Ich nehme die vier canonischen Evangelien als authentisch an; meiner Meinung nach rühren alle aus dem ersten Jahrhundert her und haben so ziemlich Diejenigen zu Verfassern, denen man sie zuschreibt[1];" von dem Augenblicke an, daß er sich für ihre Authenticität ausspricht, die ein so völliges und entscheidendes Gewicht hat, — von dem Augenblicke an kann ich nicht begreifen, was für eine eigenthümliche und absonderliche Logik ihn dazu bringt, ungefähr drei Viertel des Textes aus diesen Büchern zu streichen, das heißt sämmtliche Wunder und fast die Gesammtheit der von dem heiligen Johannes mitgetheilten Reden unseres Herrn.

---

1) Einleitung. S. 37.

IV.

Wie unlogisch auch die Geistesnatur des Herrn Renan sein mag, diese Widersprüche, deren er sich einigermaßen bewußt ist, verursachen ihm etwas Unruhe, und man sieht die Besorgniß, welche ihm das macht, an mehr als Einer Stelle seines Buches zu Tage kommen. Beständig erkünstelt er den Ton der Ruhe, der Unparteilichkeit, der Leidenschaftslosigkeit, und sein größestes Stylkunststück besteht darin, eine grȩße Heiterkeit zu zeigen. Gleichwohl hat es bei zwei verschiedenen Umständen und in Gegenwart zweier ganz entgegengesetzter Persönlichkeiten mit dieser Selbstbeherrschung ein Ende. Reden wir zunächst von der ersten: die zweite wird hernach an die Reihe kommen.

Herrn Renan ist es unmöglich, von dem heiligen Johannes mit kaltem Blute zu reden: der heilige Johannes bringt ihn außer sich. Daß er, der „der Adler von Patmos" und „der Donnersohn" genannt wird, die Feder ergriff, um das Evangelium von dem Weltheilande zu schreiben, das hatte einen Beweggrund, welcher seit achtzehnhundert Jahren unbekannt war, und welchen zu errathen und zu erfassen dem großen Geiste des Herrn Ernst Renan als allein dazu befähigt

aufbehalten war. „Man ist versucht zu glauben [1]),"
sagt er, „daß Johannes in seinem Alter, nachdem er
die in Umlauf stehenden evangelischen Berichte gelesen,
einestheils verschiedentliche Ungenauigkeiten darin wahr=
nahm, anderntheils aber **sich dadurch verletzt
fühlte, daß ihm in der Geschichte Christi
keine hervorragendere Stelle zugewiesen
war**; daß er sofort sich daran machte, eine Menge
Sachen, die er besser als die Anderen wußte, zu dicti=
ren **in der Absicht, den Beweis zu liefern,
daß in vielen Fällen, wo nur von Petrus
die Rede sei, er nicht bloß mit ihm, son=
dern sogar vor ihm eine Rolle gespielt
habe**."

---

1) Für Denjenigen, welcher mit dem Style des
Herrn Renan genau bekannt ist, ist dies eine seiner
affirmativsten Formeln. Die „**vielleicht, ohne Zwei=
fel, es wäre möglich**" sind gerade das Wesentliche
seines Styles und seines Denkens. Alles ist ungewiß
bei diesem Menschen. Die Ungewißheit ist gleichermaßen
sein Temperament und sein System. „Wer weiß," sagt
er in einem seiner Bücher, „ob die Geistesfeinheit nicht
gerade darin besteht, keine Schlüsse zu ziehen?"

Wahrlich, die Feder entfällt Einem bei dem Abschreiben solcher Erbärmlichkeiten. Nehmen wir sie wieder in die Hand.

Es kann uns nicht einfallen, in Bezug auf diese Schmähreden, die für Philosophen hinter dem Bierkruge geschrieben sind, in ernstliche Erörterungen uns einzulassen; aber sehen wollen wir doch mit Einem Blicke, durch welchen Punkt in dem Evangelium St. Johannis die seltsame Behauptung gerechtfertigt wird, auf welche Meister Renan sein Verwerfungsurtheil gegen Johannes so triumphirend stützt.

In diesem ganzen Evangelium redet der Apostel nur drei oder vier Mal von sich selbst: er erzählt, daß er bei dem letzten Abendmahle an der Brust Jesu gelegen; daß er bei Petrus gewesen in dem Hofe des Kaiphas; daß bei der Kreuzigung Jesus seine Mutter ihm zugewiesen habe — eine Sache, die offenkundig war, da Jene bei ihm wohnte, wie Herr Renan selber sagt.

Und weiter?.....

Und weiter Nichts; das ist Alles. Eines Mehreren bedarf es nicht für Herrn Renan, um im Namen der höheren Kritik die Behauptung laut werden zu lassen, welche wir uns die Mühe gegeben haben abzuschreiben. Fügen wir überdies zur Erbauung des Lesers noch bei: wenn irgendwo Stellen zu finden sind, welche den Vorrang des heiligen Petrus unwiderleglich begründen, so ist es im heiligen Johannes. Der heilige Johannes ist der Einzige, welcher die Fußwaschung erzählt, eine Begebenheit, welche in Rücksicht auf jenen Vorrang so bedeutend ist; der heilige Johannes ist der Einzige, der die merkwürdigen Worte mittheilt, welche unser Herr nach seiner Auferstehung an den heiligen Petrus richtete: „Pasce agnos meos . . . . . pasce oves meas [1])"!

Das sind Dinge, welche das erste beste Kind weiß, das seinen Katechismus gelernt hat. Sind sie Herrn Renan unbekannt? Was soll man da von seiner Wissenschaft denken? Sind sie Herrn Renan bekannt? Wie steht es dann um seine Redlichkeit?

Warum sucht der Verfasser des „Lebens Jesu" den heiligen Johannes jeden Augenblick anzuschwärzen und ihm alles Ansehen zu nehmen? Warum verläßt ihn seine erkünstelte Gemüthlichkeit, so oft er den Sohn

---

1) Weide meine Lämmer.... weide meine Schafe!

Zebedäi nennt? Warum wird bei dem bloßen Namen schon seine Galle rege? Der Grund dafür ist sehr einfach: weil sich im heiligen Johannes die klarsten, deutlichsten, zahlreichsten, niederschmetterndsten Stellen in Bezug auf die Gottheit des Fleisch gewordenen Wortes finden. Jegliches Mittel muß gelten, um den Zeugen zu verrufen, ja gar um wie einen Neidhard und Fälscher Den hinzustellen, dem die Jahrhunderte den Namen „Apostel der Liebe" gegeben haben.

Eitle Mühe! Herr Renan wird nur wider den Stachel ausschlagen. Mag er noch sehr den Verbannten von Patmos anzuschwärzen, zu verläumden, in den Koth zu ziehen suchen, so tief wird er ihn nun und nimmermehr hinunterbringen, daß, wäre es auch nur in den Augen der Ungläubigen, das Evangelium St. Johannis dem Evangelium Renan's gleich würde.

Was das Evangelium St. Lucä betrifft, so wäre es, wenn wir dem Kritiker vertrauen wollen, nur halb glaubwürdig. „Es ist ein Document von zweiter Hand," sagt er geringschätzig, ohne daß es ihm auch nur einen einzigen Augenblick einfällt, über sich selber eine Betrachtung anzustellen; und er macht daraus den Schluß, daß „der Verfasser eine falsche Vorstellung vom Tempel hat, daß er den Einzelnheiten die Spitze abbricht, um eine Uebereinstimmung unter den von einander abweichenden Ezählungen zuwegezubringen, daß er Stellen, die ihm im Wege standen, mildert," „daß er gegen die Chronologie verstößt," „daß er schlechterdings keine Kenntniß des Hebräischen besitzt." „Man merkt, daß der Schreiber die Zeugen nicht selber gesehen hat, sondern nur Texte bearbeitet, wobei er bedeutende Gewaltthätigkeiten, um sie mit einander in Einklang zu bringen, sich zu Schulden kommen ließ..:." „Er deutet die Documente nach seinem eigenen Sinne u. s. w. u. s. w. [1])."

Aber er, Ernst Renan, was thut er denn? Es scheint mir nicht, daß er aus erster Hand arbeitet und daß er ungefähr achtzehnhundert und dreiundsechzig Jahre nach jenen Ereignissen schreibt. Die Evangelisten hatten unseren Heiland gekannt, die heilige Jungfrau, Maria Magdalena, Martha, Lazarus, Joseph von Arimathia; Herr Renan hat nur den Herrn Strauß, den Herrn Littré, den Herrn Bertin und den Herrn Buloz gekannt. Die Evangelisten hatten Judas gekannt; Herr Renan hat vielleicht Verger[2]) im Seminar

---

1) Einleitung S. 40.
2) Der Mörder des vorigen Erzbischofs von Paris.

gekannt; aber selbst Das ist noch nicht hinreichend, um das Evangelium wiederherzustellen.

Ich möchte wissen, was der Kritiker gesagt hätte, wenn er sein eigenes Evangelium unter den Documenten aus der Zeit des heiligen Lucas gefunden, und was er von der Authenticität und dem historischen Werthe eines solchen Werkes würde gedacht haben.

Herr Renan darf ohne Furcht vor dem Rechte der Wiedervergeltung das Wagniß versuchen, sein Evangelium an die Stelle der alten Evangelien zu setzen. Ich wage die Behauptung, daß in achtzehnhundert und dreiundsechzig Jahren von jetzt an es keinem Menschen einfallen wird, gegen das Buch des Herrn Renan Das zu thun, was dieser in unseren Tagen gegen das Werk der Evangelisten zu thun wagt.

V.

Was für ein Evangelium würde denn nun aber Gnade gefunden haben vor Herrn Renan? Welcher Text würde vor seinen Zweifeln sicher gewesen sein? Welche Person allein unter den Zeitgenossen Christi würde, wenn sie die Feder ergriffen hätte, um der Welt das Leben Jesu zu erzählen, ein völliges Vertrauen ihm eingeflößt haben? Das ist gar nicht schwer ausfindig zu machen, und so ungeheuerlich es auch scheinen möchte, es geht klärlich aus dem Buche des Herrn Renan hervor. Was er gewünscht hätte, die Schrift, die er mit brüderlichem Sinne aufgenommen hätte, das würde (sollte man es für möglich halten?) ein Evangelium des Judas gewesen sein.

In der That ist Herrn Renan zufolge der Abfall die wesentliche Bedingung der Glaubwürdigkeit. Ihm zufolge „ist es für die Geschichtsschreibung einer Religion erstes Erforderniß, an sie geglaubt zu haben (ohne dies würde es unbegreiflich sein, warum sie dem menschlichen Gewissen Freude und Genüge gegeben); zweites Erforderniß aber, nicht unbedingt mehr an sie zu glauben," das heißt mit anderen Worten, schlechthin keinen Glauben daran mehr zu haben, „denn der unbedingte Glaube ist unverträglich mit wahrhafter Geschichte [1]"

Judas, preisgegeben dem Dämon des Geizes, hatte auch die Augen vor der Gottheit Jesu Christi geschlossen; er würde ihn sonst nicht zu verrathen ge-

---

[1] Einleitung S. 59.

wagt haben. Gleichwie Herr Renan, hatte er Glauben gehabt und hatte ihn nun nicht mehr; gleich Herrn Renan, der mit Büchern wider die Religion Geld macht, welche einst die seinige war, pflegte Judas Umgang mit den Feinden seines Meisters, seines Wohlthäters und seines Gottes; und nachdem er unter der Herrschaft seiner verabscheuungswürdigen Leidenschaft ungläubig geworden war, wollte er seinem früheren Glauben den Todesstoß versetzen. Das wäre ein unparteiischer, die Wahrheit sagender Geschichtschreiber gewesen: das wäre der Mann gewesen für Herrn Renan.

Zum Beweise für das, was ich sage, habe ich nicht bloß das historische System, welches wir soeben gekennzeichnet haben, sondern noch dazu das geheime Wohlwollen, dessen Ausbruch der Ex-Abbé nie völlig zu bewältigen im Stande ist, so oft auf den Ex-Apostel die Rede kommt.

Herr Renan, wie wir gesagt haben, kann seine Ruhe nicht bewahren, wenn er von dem heiligen Johannes redet; gerade so geht es ihm, wenn es sich um Judas handelt. Der Erste reizt ihn, der Zweite erweckt in ihm Gott weiß was für eine widerlich süße, scheußliche Zärtlichkeit. Zwar wagt Herr Renan nicht, um ihn zu vertheidigen, dem allgemeinen Verdammungsurtheil, welches die Jahrhunderte auf das Haupt des Verräthers haben fallen lassen, geradezu Trotz zu bieten; er thut aber doch sein Möglichstes, bringt unter der Hand mildernde Umstände herbei, stottert Entschuldigungen: „Das Schreckensandenken, welches der Unverstand oder die Schlechtigkeit dieses Menschen in der christlichen Ueberlieferung hinterlassen, hat hier," sagt er, „zu einiger Uebertreibung Veranlassung gegeben. Judas war bis dahin ein Jünger gewesen wie jeder andere; er besaß selbst den Titel eines Apostels, er hatte Wunder gethan und böse Geister ausgetrieben[1] .... Mit einem weniger reinen Herzen als die Anderen wird Judas, **ohne sich deß bewußt zu werden**, die schwierigen Mißlichkeiten

---

[1] Die Wunder des Judas sind die einzigen, von denen Herr Renan in seinem Buche redet, ohne einen Versuch zu deren Bestreitung zu machen. An einem anderen Orte gibt er die Erklärung, „daß die Berührung einer ausgezeichneten Persönlichkeit hinreicht, um Kranke zu heilen." Demnach, wie es scheint, ist ihm zufolge Judas solch eine „ausgezeichnete Persönlichkeit."

seines Amtes auf sich genommen haben. Auf einem bei werkthätigen Amtsverrichtungen gar gewöhnlichen Abwege wird er dahin gerathen sein, das Interesse der Kasse weit über das Werk zu setzen, für welches dieselbe bestimmt war. Der Verwalter wird den Apostel erstickt haben. Das Murren, welches ihm zu Bethanien entschlüpft, scheint vorauszusetzen, daß er nicht selten fand, der Meister komme seiner geistlichen Familie allzu theuer zu stehen[1]).„ So würde denn Herrn Renan zufolge die fluchwürdige Frevelthat, deren Judas sich schuldig gemacht, nur das Resultat einer Buchhalter-Gewissenhaftigkeit sein, und er hätte nur aus purer Haushälterischkeit Jesum verrathen. Das überschreitet alle Gränzen. Doch fahren wir fort:

„Ohne leugnen zu wollen, daß Judas von Kariot zur Gefangennehmung seines Meisters beigetragen, glauben wir doch, daß die Verwünschungen, die man auf ihn häuft, etwas Ungerechtes haben. Vielleicht hat Ungeschicktheit einen größeren Antheil an seiner That als Verderbtheit... Aber wenn auch die wahnsinnige

---

1) S. 380—382.

Gier nach einigen Silberstücken dem **armen Judas**[1]) den Kopf verrückte, so scheint er doch das
moralische Gefühl nicht völlig verloren zu haben, da
er, sobald die Folgen seines Fehlers ihm vor die
Augen traten, Reue empfand und, wie man sagt, sich
den Tod gab [2])."

Ich muß höchlich darüber erstaunen, daß Herrn
Renan der Unterschied, welcher zwischen Gewissensbissen
und Reue stattfindet, unbekannt ist.

Zu Ende des Werkes streut Herr Renan noch einige
Blumen auf das Andenken des **armen Judas**. Es
geschieht das auf Veranlassung der evangelischen Tex-
tesworte und der allgemeinen Ueberlieferungen in Bezug auf den gräßlichen Tod des Judas. Dies Alles
macht dem gefühlvollen Herrn Renan Schmerz; und
(versteht sich ohne irgend einen Anhalt an einer Stelle)
es gefällt ihm, daran zu zweifeln: „Vielleicht," sagt
er mit einer wohlwollenden Rührung, „vielleicht führte
Judas, nachdem er sich auf sein Gut von Hakeldama
zurückgezogen, ein **ganz angenehmes Leben in
der Verborgenheit**, während seine früheren

---

1) !!!!.... — 2) S. 382.

Freunde die Welt eroberten und das Gerücht von seiner Schande in ihr ausstreuten ¹)."

Ach, daß er auf diesem köstlichen Ruhesitz nicht auch das Evangelium erzählt hat! Verräther und Apostat, mußte er wahrlich mehr als irgend Jemand im Besitze der erforderlichen Unparteilichkeit sein, welche der Verfasser des „Lebens Jesu" von einem Geschichtschreiber verlangt. Leider nur würden zu jener Zeit die Verleger dem Iskarioten die dreißig Silberlinge verweigert haben, die sie heutzutage gewissen Schriftstellern in die Hand drücken. Daher ohne Zweifel sein Schweigen. Nun, Herr Renan, so viel an ihm ist, macht den Verlust wieder gut, den die Geschichte dadurch erlitten hat, und gibt sich die Mühe, für das Evangelium des Judas Ersatz zu leisten durch das Evangelium Renan's. Es gelingt ihm auch vortrefflich; wir wenigstens finden, daß die Lücke ausgefüllt ist.

VI.

Der allgemeine Ton dieses neuen Evangeliums ist ein Zurschautragen gönnerhaften Wohlwollens für

---

4) S. 438.

Den, in Bezug auf welchen Pilatus auch gesagt hatte: "Sehet, welch ein Mensch!" während er ihn seinen Henkern preisgab. Herr Renan thut den Ausspruch: "Alle Jahrhunderte werden es ausrufen, daß unter den Menschenkindern kein Größerer geboren worden als Jesus [1])." Er sucht die menschliche Seite Jesu Christi über die Maßen zu erheben, um sich eine Miene von Gerechtigkeit und Billigkeit, sogar von Sympathie und Bewunderung zu geben, damit er auf solche Weise die Gottheit hernach um so empfindlicher treffen möge. Eine solche Verfahrungsweise ist nicht neu, und schon Tacitus kannte dieselbe: Pessimum inimicorum genus, laudantes [2]), sagt er irgendwo. So machen es alle Verräther; sie nehmen die Freundesmaske vor und nähern sich dem Herzen, um den Dolchstoß siche= rer führen zu können. Wenn er die Unverschämtheit hat, von der Höhe seiner persönlichen Unfehlbarkeit und eigenen Tugend herab zu behaupten, daß Christus "nicht der Sünde unfähig gewesen [3])," "daß aller Wahrscheinlichkeit nach viele seiner Fehler durch Ver=

---

1) S. 459. — 2) Die schlimmste Art Feinde sind die, welche mit Lobsprüchen kommen. — 3) S. 458.

stellungskünste verhüllt worden ¹),“ und hundert noch schlimmere Dinge sagt, so treibt dieser unglückliche Renegat am Ende damit nur sein Handwerk; wenn er aber scheinheiliger Weise Jesum „jene erhabene Persönlichkeit ²)“ nennt; wenn er mir damit kommt, daß „Jesus Der sei und bleiben werde, der in religiöser Hinsicht den Grund des reinen Gefühles zur Geltung gebracht habe ³);" versteht sich, nicht so, wie es von der Menschheit aufgefaßt worden ist, sondern so, wie er, Renan, es auffaßt; wenn er gerne einräumen will, daß „Alles, was es nur Gutes und Hohes in unserer Natur gibt, in Christus verkörpert sei ⁴);" wenn er über den gekreuzigten Gott Krokodilenthränen vergießt: dann fühle ich, wie in meinem tiefsten Inneren Entrüstung, verbunden mit dem unaussprechlichsten Ekel, siedend aufsteigt, und von selbst kommen mir die Worte in den Mund, welche Jesus im Oelgarten aussprach: „Wie! Judas, mit einem Kusse verräthst du den Menschensohn?“

---

1) S. 458. — 2) S. 457. — 3) S. 447. — 4) S. 458.

VII.

Wenn Herrn Renan eine unläugbar übernatürliche Thatsache, ein völlig bezeugtes Wunder entgegentritt, so übergeht er es anständiger Weise mit Stillschweigen; er sagt kein Wort davon, er unterdrückt es, um sich nicht in Erörterungen einlassen zu müssen. Er erstickt es, er läßt es in einem Loche verschwinden, um nicht nöthig zu haben, Gewalt zu üben: Ecclesiasticus abhorret a sanguine [1]). Gleichwohl aber ist das Wunder von der Auferweckung des Lazarus allzu auffallend, allzu offenkundig, als daß der Verfasser des „Lebens Jesu," wenn seine Verfahrungsweise nicht geradezu bloßgestellt werden sollte, sich nicht einigermaßen damit hätte befassen müssen. Sein Gebahren Angesichts dieses so ganz offenbar göttlichen Ereignisses ist einzig in seiner Art; man meint eine Fledermaus vor einem plötzlichen Licht zu sehen. Er weiß nicht, ob er Stand halten oder die Flucht ergreifen, zur Linken oder zur Rechten sich wenden, kurzweg es leugnen oder sich in Erörterungen einlassen soll. Zunächst möchte er gegen Jesus eine Anklage richten: „Man

---

1) Ein Geistlicher scheut sich vor Blutvergießen.

stelle sich vor, daß in dieser unreinen Stadt Jerusalem, die Einem die Brust einengte, Jesus gar nicht mehr er selbst war. Sein Bewußtsein hatte, durch die Schuld der Menschen, nicht durch seine eigene, etwas von seiner anfänglichen Durchsichtigkeit verloren. Verzweifelt, zum Aeußersten gebracht, gehörte er sich selbst nicht mehr an." Weiter wagt er nicht zu gehen, und wendet sich unruhig und verwirrt zu dem Evangelium: er stottert, daß dies „der einzige Text ist, der offenbare Spuren von Kunst, von Gemachtheit an sich trage, und daß man unmöglich entscheiden könne, ob Alles erdichtet sei oder ob eine wirkliche Thatsache stattgefunden habe." Aber er selbst kann sich dabei nicht beruhigen und von dem hellen Text werden ihm die Augen geblendet: „Allerdings ist anzuerkennen, daß der Ton der Erzählung sich wesentlich von den Wundergeschichten unterscheidet, die aus der volksthümlichen Einbildungskraft hervorgegangen sind . . . :. daß nicht zu begreifen wäre, wie eine Dichtung aus dem Volke in einem Rahmen von so persönlichen Erinnerungen hätte Platz finden sollen . . . . . Wir sind der Meinung," schließt er, „daß in Bethanien Etwas vorging, was für eine Auferstehung angesehen wurde ¹).“

Darauf hin erfindet Herr Renan einen erläuternden Roman, welchen er für wahrscheinlicher hält als das Evangelium. Der Leser möge eine Vergleichung anstellen: beginnen wir mit dem Evangelium.

„Es war Einer krank, mit Namen Lazarus, von Bethanien, wo Maria und ihre Schwester Martha wohnten. Maria war Diejenige, die den Herrn mit einer Salbe gesalbt, und seine Füße mit ihren Haaren getrocknet. Lazarus, der Kranke, war ihr Bruder.

Da schickten die zwei Schwestern zu Jesus:

— Herr, ließen sie ihm sagen, Der, den du liebest, ist krank.

— Diese Krankheit ist nicht zum Tode, antwortete Jesus auf diese Nachricht; sondern sie ist zur Ehre Gottes, das heißt, damit der Sohn Gottes durch sie verherrlichet werde.

Jesus aber liebte die Martha, und ihre Schwester Maria, und den Lazarus. Und doch, nachdem er gehört hatte, daß er krank sei, blieb er deßungeachtet noch zwei Tage an dem Orte, wo er war.

---
1) S. 360.

Nachdem er diese Frist hatte verfließen lassen, sagte er zu seinen Jüngern:

— Lasset uns wieder nach Judäa gehen!

— Meister, antworteten sie ihm, erst wollten dich die Juden steinigen, und du willst dich wiederum in ihre Hände geben?

— Sind nicht zwölf Stunden im Tage? erwiderte ihnen Jesus. Wenn Jemand bei Tage wandelt, so stößt er nicht an, weil er das Licht dieser Welt sieht; aber wenn er bei Nacht wandelt, stößt er an, weil das Licht nicht in ihm ist.

Das waren seine Worte. Dann fügte er hinzu:

— Lazarus, unser Freund, schläft; aber ich gehe, daß ich ihn vom Schlafe auferwecke.

— Herr, sagten da seine Jünger zu ihm, wenn er schläft, so wird er gesund werden.

Jesus aber hatte von seinem Tode gesprochen; und sie meinten, er rede von dem gewöhnlichen Schlafe. Da sprach sich Jesus offen aus.

— Lazarus, sagte er, ist todt; und ich freue mich euretwillen, daß ich nicht dort war, damit ihr glaubet. Aber laßt uns zu ihm gehen.

Da rief Thomas, welcher auch Didymus genannt

wird, indem er sich zu den übrigen Jüngern wendete:

— So wollen auch wir gehen, damit wir mit ihm sterben[1])!

Als Jesus ankam, fand er Lazarus schon vier Tage im Grabe liegend. Und da Bethanien nur ungefähr fünfzehn Stadien von Jerusalem entfernt ist, so waren viele Juden zu Maria und Martha gekommen, um sie wegen des Verlustes ihres Bruders zu trösten. Als nun Martha vernommen hatte, daß Jesus komme, eilte sie ihm entgegen. Maria aber saß zu Hause.

— Herr, sagte Martha zu Jesu, wärest du hier gewesen, mein Bruder wäre nicht gestorben; aber auch jetzt weiß ich, daß Alles, was du von Gott begehrest, Gott dir geben wird.

Jesus antwortete ihr:

— Dein Bruder wird auferstehen.

---

1) Dieses letztere Wort bezieht sich offenbar auf Jesus. Thomas denkt wie die Anderen an die Jesus bei seiner Rückkehr unter die Juden bedrohenden Todesgefahren: daher sein Ausruf.

— O ja, erwiderte Martha; ich weiß, daß er auf=
erstehen wird bei der Auferstehung am jüngsten Tage.

— Ich bin die Auferstehung und das Leben; wer
an mich glaubt, wird leben, wenn er auch gestorben
ist. Und Jeder, der da lebt, und an mich glaubt, der
wird nicht sterben in Ewigkeit. Glaubst du das?

— Ja, Herr, gab sie ihm zur Antwort, ich glaube,
daß du Christus, der Sohn des lebendigen Gottes bist,
der in diese Welt gekommen ist.

Und als sie dies gesagt hatte, ging sie weg und
rief ihre Schwester.

— Der Meister ist da und ruft dich, sagte sie ihr
leise.

Da Maria das hörte, stand sie eilends auf und
ging zu Jesu; denn er war noch nicht in den Flecken
gekommen, sondern befand sich noch immer an demsel=
ben Orte, wo ihm Martha begegnet war.

Als aber die Juden, welche bei ihr im Hause wa=
ren und sie trösteten, sahen, daß Maria eilends auf=
stand und hinausging, folgten sie ihr nach.

— Sie geht gewiß zum Grabe, um da zu weinen,
sagten sie.

Sowie Maria zu dem Orte kam, wo Jesus war, und ihn sah, fiel sie zu seinen Füßen.

— Herr, sprach sie, wärest du hier gewesen, so würde mein Bruder nicht gestorben sein.

Da nun Jesus sie weinen und die Juden, welche mit ihr gekommen waren, weinen sah, erschauerte er im Geiste und betrübte sich selbst.

— Wo habt ihr ihn hingelegt? sagte er.

— Komm' und sieh', antwortete man.

Und Jesus weinte.

Da sprachen die Juden:

— Seht, wie er ihn lieb hatte!

— Wie! nahmen Einige unter ihnen das Wort, konnte Der, welcher die Augen des Blindgeborenen geöffnet hat, nicht machen, daß Dieser nicht stürbe?

Da erschauerte Jesus abermal in sich selbst, und kam zu dem Grabe. Es war aber eine Höhle, und ein Stein war darauf gelegt.

— Hebet den Stein weg, sagte Jesus.

— Herr, sprach Martha zu ihm, des Verstorbenen Schwester, er riecht schon; denn er liegt schon vier Tage.

Da sprach Jesus zu ihr: hab' ich dir nicht gesagt,

daß, wenn du glaubest, du die Herrlichkeit Gottes sehen wirst?

Sie hoben also den Stein weg.

Jesus aber hob seine Augen in die Höhe, und sprach:

Mein Vater, ich danke dir, daß du mich erhört hast. Ich wußte zwar, daß du mich allezeit erhörest; aber um des Volkes willen, das herumsteht, hab' ich es gesagt, damit sie glauben, daß du mich gesandt hast.

Und als er dies gesagt hatte, rief er mit lauter Stimme:

— Lazarus, komm' aus dem Grabe!

Und der Verstorbene kam sogleich heraus. Seine Füße und Hände waren mit Grabtüchern gebunden, und sein Angesicht war in ein Schweißtuch gehüllt.

— Machet ihn los und lasset ihn gehen, sprach Jesus.

Viele aber von den Juden, welche zu Maria und Martha gekommen waren, und sahen, was Jesus gewirkt hatte, glaubten an ihn [1].

Welche Erzählung! welch ruhige Größe und welch mächtige Einfalt! welcher Ton, vertraulich und gött=

[1] Joh. Kap. 11.

lich zugleich! Wie soll man es zuwege bringen, um von diesen Höhen hinabzusteigen zu den erbärmlichen Gemeinheiten, welche man uns als Ersatz zu bieten wagt für das ewige Buch!

Doch das Evangelium selbst gibt uns diesen Uebergang an die Hand durch die Fortsetzung seiner Erzählung:

„Die Hohenpriester und die Pharisäer versammelten sich im Rathe und sprachen: Was sollen wir thun? Dieser Mensch wirkt viele Wunder..... Und von diesem Tage an beschlossen sie ihn zu tödten."

So werden wir ganz natürlich zu dem Romane „Leben Jesu" von Herrn Renan wieder hingeleitet. Dieser Schriftgelehrte gleitet an dem Uebernatürlichen vorbei, wie ein nächtlicher Räuber einer Mauer entlang, und bemüht sich, in einer Hypothese zu entwischen.

„Es scheint," sagt er, „daß Lazarus krank war, und daß gerade auf eine Botschaft Seitens der bestürzten Schwestern hin Jesus Peräa verließ. Möglicher Weise führte die Freude über seine Ankunft Lazarus in das Leben zurück. Vielleicht ließen sich diese empfindsamen Leute allzuweit führen durch ihr glühendes Verlangen, Denen den Mund zu schließen, welche die göttliche Mission ihres Freundes so schmählich leugneten. Vielleicht ließ sich Lazarus, bleich wie er als Kranker war, mit Bändern binden wie einen Todten und im Familienbegräbnisse einschließen.

"Martha und Maria kamen Jesu entgegen und führten ihn, ohne ihn in Bethanien eintreten zu lassen, zu der Höhle. Die Erschütterung, welche Jesus an dem Grabe seines von ihm todtgeglaubten Freundes empfand, kann von den Anwesenden für jene Bewegung, für jenes Erbeben, welches die Wunder begleitete, genommen worden sein; die Volksmeinung ging dahin, daß die göttliche Kraft sich in dem Menschen als epileptisches und convulsivisches Princip erweise [1]). Jesus (immer der oben ausgesprochenen

---

1) An einem anderen Orte (S. 259.) spielt Herr Renan auf eben diese Begebenheit an und hebt aus derselben "die anstößigen Umstände von Anstrengungen, von Erschaudern, und andere nach Gaukelei riechende Züge" hervor.

"Jesus weinte," sagt das Evangelium, "und kam, da er noch in sich selbst erbebte, zum Grabe." Was für eine Seele gehört dazu, um diese Thränen und diese Erschütterung des Herrn anstößig zu finden?

Hypothese zufolge) wünschte Den noch einmal zu sehen, den er geliebt, und so kam Lazarus hervor, nachdem der Stein weggerückt worden, mit seinen Binden umwunden und den Kopf in ein Schweißtuch gehüllt. Diese Erscheinung mußte natürlicher Weise von Jedermann für eine Auferstehung angesehen werden [1]."

Wir wollen nicht dem Leser die Schmach anthun, daß wir Anmerkungen hierzu machen. Er hat die Actenstücke in der Hand und mag urtheilen.

Jedermann kennt die beiden Wunder der Vermehrung der Brode und Fische. Stellen wir noch eine Vergleichung an zwischen der Erzählung der Evangelisten von damals und der Auslegung, welche das Evangelium von heute gibt.

Wir wollen, um keinen Zug zu verlieren, die vier Texte der heiligen Schriftsteller in Eins zusammenfassen und von der vor achtzehnhundert Jahren niedergeschriebenen Erzählung eine getreue Uebersetzung geben.

„Sehet, wie lieb er ihn hatte!" sagten die Juden, selbst auch gerührt. „Das stößt mich," sagt Herr Renan.

1) S. 361.

„... Jesus fuhr in einem Nachen mit seinen Jüngern und begab sich an einen öden Ort:. Mehrere aber sahen es oder erfuhren es und liefen von allen Seiten zu Fuß auf dem Landwege hin; und so langten sie vor Jesu an. So geschah es denn, daß er, als er aus dem Nachen stieg, eine große Menge Volkes gewahrte; und sofort wurde er von Erbarmen bewegt, denn diese Menge war wie Schafe ohne Hirten; und er gab ihnen viele Unterweisungen, indem er voll Erbarmen alle ihre Kranken heilte.

Als es Abend geworden war, traten seine Jünger zu ihm:

— Der Ort ist öde, sprachen sie zu ihm, entlasse das Volk, daß es in die Dörfer gehe und sich Speise kaufe.

— Sie haben nicht nöthig wegzugehen, erwiderte Jesus, gebet ihr selbst ihnen zu essen!

— Man müßte, um ihnen Nahrung zu verschaffen, Brod für zweihundert Zehner kaufen, erwiderten die Jünger.

— Woher werden wir all dies Brod kaufen, um so vielen Leuten Nahrung zu verschaffen? fragte Jesus, indem er sich an Philippus wendete.

4*

Das sagte er aber, um ihn auf die Probe zu stellen; denn er selbst wußte wohl, was er thun wollte.

— Brod für zweihundert Zehner würde nicht hinreichen, daß Jeder auch nur ein Weniges bekäme, antwortete Philippus.

— Wie viel Brode habt ihr? sagte Jesus darauf. Gehet hin und sehet.

Sie sahen nach.

Einer von den Jüngern, Andreas, der Bruder des Simon Petrus, sprach zu dem Herrn:

— Es ist ein Knabe hier, der fünf Gerstenbrode und zwei Fische hat. Allein was ist das unter so Viele?

— Bringet sie mir her, antwortete ihnen Jesus, und lasset die Leute alle sich setzen!

Es war aber viel Gras an dem Orte. Jesus befahl, daß man sie in Abtheilungen auf dem Grase sich lagern lasse; und sie ließen sich in verschiedenen Abtheilungen nieder, bald je Fünfzig, bald je Hundert. Es waren aber ungefähr fünftausend Menschen.

Nachdem nun Jesus die fünf Brode und die zwei Fische genommen, erhob er seine Blicke gen Himmel; dann segnete er, Gott Dank sagend, die Speisen, welche er in seinen Händen hielt. Sofort brach er die Brode und zertheilte die Fische, indem er die Theile seinen Jüngern reichte, welche dieselben hinwiederum den Leuten brachten, die da saßen.

Man gab einem Jeden davon so viel er wollte. Und Alle aßen und wurden satt. Die Zahl Derer aber, welche auf solche Weise gespeist wurden, war fünftausend Mann, Weiber und Kinder nicht gerechnet.

— Nun, sprach Jesus zu seinen Jüngern, sammelt das Uebriggebliebene, damit nichts verloren gehe.

Sie sammelten es: und von dem, was von jenen fünf Broden und von jenen zwei Fischen übrig war, die solch eine Menschenmenge gesättigt hatten, trugen sie zwölf angehäufte Körbe voll hinweg.

Da nun das Volk solches Wunder sah, rief es:
— Dieser ist wahrhaftig der Prophet, der in diese Welt kommen soll.

Als aber Jesus erkannte, was sie dachten, und sah, daß sie ihn mit Gewalt nehmen und zum Könige machen wollten, floh er abermals auf den Berg, wo er sich in die Einsamkeit zurückzog, um zu beten [1].“

---

[1] St. Matth. XIV, 13. — St. Marc. VI, 31 und ff. — St. Luc. IX, 10 und ff. — St. Joh. VI, 13 und ff.

Wir wollen jetzt nicht bei dem so rührenden Charakter dieser übermenschlichen Begebenheit verweilen. Steigen wir hinab zu unserem Gegner und reden wir kalt als Kritiker. Wenn irgend je, so haben wir hier eine recht klare, recht genaue, recht umständlich beschriebene Erzählung. Die vier Evangelisten, deren authentischen Charakter Herr Renan in seiner Einleitung anerkannt hat, sind einstimmig und erzählen mit einander dieses wunderbare Ereigniß. St. Marcus und St. Matthäus erzählen mit nicht minderer Genauigkeit jenes andere, diesem ähnliche Wunder, wo viertausend Menschen mit sieben Broden und mehreren kleinen Fischen gespeißt wurden. Dies Alles ist bedenklich und lästig rücksichtlich des von dem ehemaligen Seminaristen ausgesprochenen Satzes: wirklich beeilt sich auch unser Biedermann, seinen Fehler wieder gut zu machen, und wie eine Schlange dem Bereiche eines so gefährlichen Textes zu entfliehen. Sehen wir zu, welche Schlangenwindung er macht.

„Jesus," sagt er, „zog sich in die Wüste zurück. Viele Menschen folgten ihm dahin nach. **Vermöge einer äußersten Genügsamkeit** lebte dort die heilige Schaar. Natürlicher Weise glaubte man darin ein Wunder zu sehen [1]."

Und damit entschlüpft er und beeilt sich, sich in einen anderen Gegenstand zu verlieren, welchen er mit demselben Ernste behandelt. Keine weitere Prüfung, keine weitere Erklärung: "Vermöge einer äußersten Genügsamkeit" lebten fünftausend Menschen von fünf Broden und zwei Fischen, viertausend von mehreren Fischen und sieben Broden: fürwahr eine Genügsamkeit im äußersten Maße! Sie ging sogar so weit, daß von diesen Speisen, die ein armer Knabe in seinen kleinen Händen hielt, noch übrig blieb, und daß, nach der Sättigung von Tausenden, das Eine Mal sieben Körbe voll Ueberreste und ein anderes Mal zwölf gehäufte Körbe gesammelt wurden. Herrn Renan zufolge glaubten die Volksmassen, daß Jesus sie gesättigt habe, gerade weil er sie hatte fasten lassen; und so vollständig ließen sie sich von dieser seltsamen Täuschung bethören, daß sie dieses außergewöhnliche Wesen, welches auf solche Weise Fische und Brod vervielfältigte, zum Könige machen wollten.

---

[1] S. 198.

Das also ist es, was man für die Wissenschaft, die Exegese, die höhere Kritik, die reine Idee ausgibt, und was die Narren auch dafür hinnehmen!... O du souveränes Volk, siehst du nicht, daß diese Leute dich hänseln, dich belügen, dich verachten, dich ausbeuten, dich zu Grunde richten und dich verschlingen, statt des Christus, der dich rettet und speist? O ich möchte weinen über dich, wie er einst weinte über Jerusalem!

VIII.

So steht es bei Herrn Renan mit der Stärke im Erfinden. Prüfen wir, wie es um seine Ehrlichkeit im Citiren steht. Gar wohl hütet er sich, die Bibelstellen wörtlich anzuführen, vielmehr begnügt er sich damit, unten auf dieselben zu verweisen, indem er, leider nicht ohne Grund, darauf zählt, dem gütigen Leser werde es in seiner Zerstreutheit nicht einfallen, sich seiner Wahrhaftigkeit zu vergewissern.

„Ein fortlaufendes System von Noten," sagt er in der Einleitung, „setzt den Leser in den Stand, die Wahrheit aller im Texte vorgetragenen Sätze nach den Quellen zu untersuchen [1]."

---

1) Einleit. S. 6.

Gut, untersuchen wir. Und weil wir gerade daran sind, beginnen wir mit der Einleitung.

"Lucas," heißt es da, "verstand durchaus kein Hebräisch[1])," und in der Anmerkung sagt Herr Renan: "Man vergleiche Luc. I, 31. mit Matth. I, 21." Ich schlage also das Evangelium auf, um diese Vergleichung anzustellen, und finde an den angezeigten Orten folgende ganz unerwartete Stellen. Im heiligen Matthäus sagt ein Engel zu Joseph: "Sie wird einen Sohn gebären; dem sollst du den Namen Jesus geben, denn er wird sein Volk erlösen von dessen Sünden[2])." Im heiligen Lucas sagt ein Engel zu Maria: "Siehe, du wirst empfangen in deinem Leibe, und einen Sohn gebären, und du sollst seinen Namen Jesus heißen[3])."

Daran also können wir Herrn Renan zufolge sehen, daß Lucas **durchaus kein Hebräisch verstand**. Einen weiteren Grund gibt Herr Renan nicht an und das sind die einzigen Bibelstellen, auf welche er verweist. Eine solche Schamlosigkeit wäre unglaublich, wenn sie nicht von unseren eigenen Augen bezeugt würde.

---

1) Einleit. S. 40. — 2) St. Matth. I, 21. — 3) St. Luc. I, 31.

Seit dem berüchtigten: „Und deßhalb ist euere Tochter stumm" ist die Welt nicht auf unverschämtere Weise zum Besten gehalten worden. Molière's Aerzte bleiben dahinter zurück.

„Er muß in der Erfüllung seiner religiösen Pflichten sehr pünktlich gewesen sein," fügt der Verfasser etwas weiter hinzu [1]); und zum Beweis dafür führt er das Evangelium des heiligen Lucas, Kapitel XXIII. Vers 56. an. An der Frömmigkeit des heiligen Lucas habe ich nie gezweifelt. Immerhin aber wird die von Herrn Renan angeführte Stelle in diesem Betreffe mich wahrscheinlich eines Genaueren unterrichten. So beeile ich mich denn, sie aufzusuchen, finde sie, ach! und bin enttäuscht. Es ist da die Rede von den heiligen Frauen: „Und nachdem sie zurückgekehrt waren, bereiteten sie Specereien und Salben; und dann beobachteten sie den Sabbath nach dem Gesetze [2])." Ich bitte Herrn Renan demüthig um Vergebung, aber es ist mir nicht recht klar, wie das beweisen soll, daß der heilige Lucas in der Erfüllung seiner religiösen Pflichten sehr pünktlich gewesen sei. Wenn dieses „Leben Jesu,"

---

1) Einleit. S. 41. — 2) St. Luc. XXIII, 56.

welches man im Namen der höheren Kritik uns bietet, auf lauter solchen Grundlagen ruht, so fürchte ich sehr, daß es ein etwas gebrechliches Gebäude ist.

„Ein fortlaufendes System von Noten," sagt nichts= destoweniger Herr Renan, „setzt den Leser in den Stand, die Wahrheit aller im Texte vorgetragenen Sätze nach den Quellen zu untersuchen." Je mehr Untersuchungen man anstellt, um so mehr erscheint diese Phrase der Einleitung, die wir absichtlich wiederholen, in einem zugleich gehässigen und komischen Lichte, in dem Lichte einer Heuchelei, welche ihren Zweck nicht erreicht und sich durch ihre eigenen Vorsichtsmaßregeln verräth. Das heißt die Tartüfferie in wissenschaftliche Arbeiten einführen.

Doch nehmen wir das Buch wieder zur Hand. Wenn es nichts Ernstes hat, so muß man doch beken= nen, daß es bisweilen Stoff zur Erheiterung gewährt.

„Bloß im Evangelium Johannis bedient sich Jesus des Ausdrucks Sohn Gottes oder Sohn, wenn er von sich selber spricht [1]," behauptet Herr Re= nan ganz entschieden. Gut. Aber siehe, da öffne ich noch einmal den heiligen Lucas und lese daselbst das

---

1) S. 245.

Folgende: „Alles," sagt Jesus, „ist mir von meinem Vater übergeben; und Niemand weiß, wer der Sohn ist, als der Vater, und Niemand weiß, wer der Vater ist, als der Sohn, und wem es der Sohn offenbaren will ¹)." Ich schlage den heiligen Marcus auf und finde da außer diesem selbigen Texte das Wort, welches Jesus, im Namen des lebendigen Gottes beschworen sich zu erklären, so feierlich ausgesprochen hat: „Abermals fragte ihn der Hohepriester, und sprach zu ihm: Bist du Christus, der Sohn Gottes, des Hochgelobten? Jesus sprach zu ihm: Ich bin es ²)." Und auf dieses Wort hin, welches alle Evangelisten berichten, ward unser Herr verurtheilt. Endlich noch schlage ich den heiligen Matthäus auf und bemerke da außer den vorstehenden Texten jenen wichtigen Ausspruch, vermöge dessen der Welterlöser nach der Vollendung seines Werkes seine Apostel in alle Welt sandte: „Gehet hin und lehret alle Völker, und taufet sie im Namen des Vaters, und des Sohnes, und des heiligen Geistes ³)."

---

1) St. Luc. X, 22. — 2) St. Marc. XIV, 62. — 3) St. Matth. XXVIII, 19.

Wir könnten in demselben Betreffe noch viele andere Stellen anführen; sie sind in den drei ersten Evangelien ebenso reichlich vorhanden, als in dem des heiligen Johannes [1]).

Und nun will man uns Herrn Renan einen Mann der Wissenschaft nennen!... sieht man denn nicht, daß, wenn man nach solchen Beispielen ihn für gelehrt ausgibt, das schreiendste Unrecht ihm angethan, ja gar seine Ehrlichkeit angegriffen wird? Um seiner Ehre willen wünsche ich, daß er unwissend sein möge.

---

1) Förmlich „der Sohn Gottes" genannt wird unser Heiland im heiligen Matthäus fünfzehnmal, im heiligen Marcus siebenmal, im heiligen Lucas zehnmal; und unter diesem Ausdrucke verstand Jesus sowohl, wie die Pharisäer selbst, nicht einen gerechten Menschen, ein Kind Gottes, sondern den Eingeborenen und ewigen Sohn des Vaters, den Christus, den Fleisch gewordenen Gott, die zweite Person der göttlichen Dreieinigkeit. Die Juden warfen dem Heilande vor, daß er sich zu Gott mache, da er doch nach ihrer Meinung, wie nach der des Herrn Renan, nur ein Mensch war: *Tu homo quum sis, facis te ipsum Deum* (Obgleich du ein Mensch bist, machst du dich zu Gott), sagt der evangelische Text.

Wenn ihm nun schon die Elemente der Dinge, von denen er redet, so gröblicher Weise entgehen, was wird dann aus seiner wissenschaftlichen Autorität?

Sind sie ihm aber bekannt: ist es dann nicht offenbar, daß er als Verfälscher der Religionswissenschaft dasteht — und was wird alsdann aus seiner moralischen Autorität?

Entweder kein Wissen oder kein Gewissen. Eine harte Wahl!

Der größeste Beweis von Achtung, den man unter solchen Umständen Herrn Renan geben könnte, wäre, ihn wie einen Unwissenden, wenigstens was die heilige Schrift angeht, zu behandeln. Recht gerne würden wir ihm diesen Beweis unserer moralischen Achtung bieten; aber der Gedanke an die geistlichen Würden, mit denen er sich frommer Weise hat bekleiden lassen, zwingt uns zu einer ganz anderen Meinung von ihm.

Kehren wir zurück.

Herr Renan sagt uns mit der größesten Zuversichtlichkeit, daß „Jesus nur eine secundäre Bedeutung der Taufe beimesse." Suchen wir den Beweis dafür in den Worten des Messias. Hier sind sie: „Wahrlich, wahrlich, sag' ich dir, wenn Jemand nicht

wiedergeboren wird aus dem Wasser und
heiligen Geiste, so kann er in das Reich Gottes
nicht eingehen!" „Wer da glaubt und sich taufen
läßt, der wird selig werden ¹)." Und da er zu seinem
Vater auffährt, ist seine letztwillige Verfügung diese:
„Gehet hin und taufet die Völker," zufolge einem schon
citirten Texteswort.

Die Taufe ist also in den Augen Jesu eine Haupt=
sache, was auch dieser Getaufte dazu sagen möge. Und
wenn wir auf die niederen Weihen, welche der Verfasser
des „Lebens Jesu" im Seminare empfangen, einen
Werth gelegt haben, so thuen wir dies neuerdings noch
viel mehr in Bezug auf den unzerstörbaren Charakter als
Christ, der ihm in der Taufe aufgeprägt worden ist. Es
ist dies ein unaustilgbares Siegel, welches er in dieser
und in jener Welt tragen wird. Wehe Dem, der die=
ses Zeichen verachtet! Entweder es ist der Ehrentitel
eines Kindes, welches in der Kindschaft steht, oder aber
das schreckliche Siegel des Sklaven, der gestraft wird.
Daß ein Ungläubiger daran nicht denkt, das begreift
sich; ein Christ aber kann ohne Schauder nicht daran

---

1) St. Joh. III, 5. St. Marc. XVI, 16.

denken, und vielleicht empfindet der Mann selbst, von welchem wir reden, in dieser Hinsicht von Zeit zu Zeit gewisse Unruhen und Bekümmernisse.

"An wen hatte Jesus sich zu wenden, um das Reich Gottes zu gründen?" sagt Herr Renan an einem anderen Ort. "Darüber stand Jesus nie im Zweifel... Nicht an die Reichen, nicht an die Gelehrten, nicht an die Priester: an die Weiber, an die Männer aus dem Volke, an die Kleinen [1])." In einer Anmerkung dazu findet sich eine lange Verweisung auf zweiundzwanzig oder dreiundzwanzig verschiedene Stellen der Evangelien. Ich habe sie alle untersucht. Es ist da die Rede von der Seligkeit der Armen, von der Lossagung von den Gütern der Erde; aber Nichts, schlechterdings Nichts, was auch nur von ferne den mindesten Bezug auf die Worte hätte, welche ich unterstrichen habe. Noch einmal, ist das Unwissenheit oder Unverschämtheit?

Dieser Herr spielt mit Texten, wie Andere mit Bechern. Was mich betrifft, so möchte ich für gewöhnlich mich ebenso gerne mit einem Cartouche oder Bil=

---

1) S. 128.

boquet zusammen an einen Spieltisch setzen, als mich
mit Jenem in eine wissenschaftliche Verhandlung ein=
lassen; es müßte denn sein, wie heute, daß ich ihn auf
offener That ertappen und ihm seine falschen Würfel
und seine schiefgefaßten Texte in's Gesicht schleudern
könnte. Aber höret, was er sagt! Wie alle jene Leute
wird er euch sagen: „Ich habe Nichts in den Händen,
ich habe Nichts in meinen Taschen, ich habe keinen
doppelten Boden in meinen Bechern; ich bin ehrlich
und rechtschaffen." Hört, was er sagt! er redet zur
Gallerie. Betrachtet ihn von vorn, ihr ehrlichen Leute!
fasset dieses Gesicht eines nicht gerathenen Priesters
in's Auge! Er thut den Mund auf: was wird er
sagen?

„Nur vermöge deß, daß wir mit der äußersten
Sorgfalt bei der Anwendung der Beweismittel zu Werke
gingen, rein und allein vermöge unserer völlig inte=
ressselosen Liebe zur reinen Idee, haben wir die Begrün=
dung geliefert, wir Alle, die wir der Wissenschaft,
einem neuen Ideale der Sittlichkeit unser Leben ge=
weiht haben [1]."

---

1) Leben Jesu. S. 451.

Wohl verstanden, ihr ehrlichen Leute? Das wagt er zu sagen!

Ha! solche Worte in solchem Munde bewirken, daß Zorn und Entrüstung im Innersten mir aufsteigen, und dieser Zorn, ich fühle es, droht meine Feder zu übermannen. Ueberwinden wir uns und gehen wir zu Anderem über.

Wenn man das, was Herr Renan citirt, keineswegs immer findet, so findet man im Gegentheile sehr häufig das, was zu citiren er sich sehr wohl hütet.

„Jesus," so spricht er mit einer Doctormiene, „hat auch nicht die geringste Vorstellung von einer Seele, die vom Körper getrennt existirte [1]." Er führt (und mit Grund) keine Stelle an, um diese ganz neue Behauptung zu stützen. Ich suche im Evangelium nach, um etwas auf diese Frage Bezügliches zu finden, und sogleich fällt mir folgende Stelle in die Augen:

„Fürchtet euch nicht vor Denen, welche den Leib tödten, aber die Seele nicht tödten können; sondern fürchtet vielmehr Denjenigen, der Leib und Seele in's Verderben der Hölle stürzen kann [2]."

---

[1] S. 218. — [2] Matth. X, 28.

In gar mancher Hinsicht, fürchte ich, scheint es, daß Herr Renan diesen gar ernsten Text vergessen hat, welchen Derjenige ausgesprochen hat, der kommen wird zu richten die Lebendigen und die Todten. Wir erinnern ihn daran und wünschen, daß er darüber nachdenken möge.

Nach diesem guten Rathe, den wir ihm von ganzem Herzen geben, fahren wir in der Prüfung seines ganzen Werkes fort.

Man braucht nicht darüber zu erstaunen, daß Herr Renan die Texte der gewöhnlichen Evangelisten vergißt, da er in jedem Augenblicke gar den Text seines eigenen Evangeliums vergißt und sich stracks widerspricht. Um dies zu erhärten, braucht man sein Buch nur beliebig aufzuschlagen und darin zu blättern: man kann darauf rechnen, daß man Widersprüche findet.

„Ein ganz reiner Cultus, eine Religion ohne Priester und ohne äußere Uebungen, rein und allein auf den Gefühlen des Herzens, auf der Nachahmung Gottes, auf dem unmittelbaren Verkehre des Gewissens mit dem himmlischen Vater beruhend, das," sagt er, „war das Ergebniß der Principien Jesu. Niemals wich er vor dieser Consequenz zurück... „Wozu auch

Vermittler zwischen dem Menschen und seinem Vater[1])?" Dieselbe Idee wiederholt Herr Renan an mehreren Orten seines Buches. Wenden wir uns nunmehr zu dem Kapitel XVIII., welches überschrieben ist: „Anordnungen Jesu." Da lesen wir Folgendes.

„Daß Jesus sich in seinen apokalyptischen Ideen niemals verlor, dafür dient zum Beweise, daß er gerade zu der Zeit, wo er ganz von denselben eingenommen war, den Grund zu einer für die Dauer bestimmten Kirche legte . . ." „Er vertraut der Kirche das Recht, zu binden und zu lösen (das heißt, gewisse Dinge zu erlauben oder zu verbieten), die Sünden zu erlassen, Verweise zu geben, ernstlich zu warnen, und mit der Gewißheit der Erhörung zu beten[2])."

Der Widerspruch scheint uns hinlänglich zu Tage zu liegen. Während in diesen beiden Stellen nun dies der Fall ist in den Ideen, tritt derselbe in dem Folgenden in den Worten selbst auf.

„Lucas," sagt der große Kritiker, „hat eine falsche Vorstellung von dem Tempel: er stellt sich denselben

---

1) S. 85—86. — 2) S. 290 und 296.

wie ein Bethaus vor, wo man seine An=
dacht verrichtet¹)."

Herr Renan hat ohne Zweifel eine andere, eine
richtige, eine wahre, eine ganz verschiedene Idee davon.
Wie wird er ihn uns beschreiben?

„Jesus sagte, man habe aus dem Bethause
eine Räuberhöhle gemacht.... Der Tempel bot, wie
überhaupt stark besuchte Stätten der An=
dacht, einen widerwärtigen Anblick²)."

Wer spricht so?... Der heilige Lucas? O nein:
Herr Renan.

IX.

Die von dem Verfasser des „Lebens Jesu" in Be=
zug auf die Verwandtschaft unseres Heilandes ausge=
sprochenen Verdächtigungen verdienen ein besonderes
Kapitel.

„Die Schwestern Jesu verheiratheten sich
zu Nazareth³)," behauptet Herr Renan. In der An=
merkung dazu eine Verweisung auf den heiligen Marcus
(Kap. VI. Vers 3.). Ich schlage rasch auf, um die
Geschichte dieser in der christlichen Welt bisher so un=

---

1) Einleit. S. 39. — 2) S. 214. — 3) S. 25.

bekannten Verheirathung in Augenschein zu nehmen, und siehe da! ich finde einen Text, wo es sich so wenig um eine Heirath wie um die letzte Oelung handelt. Der Ruhm, welchen sich Herr Coste in der Fischcultur erworben hat, läßt Herrn Renan ohne Zweifel nicht schlafen. In der That wandelt der Verfasser des „Lebens Jesu" in den Fußtapfen des Herrn Directors des landwirthschaftlichen Gartens, und sucht in dem großen und majestätischen Strome der Geschichte den Aprilfisch [1]) einheimisch zu machen.

Vergebene Mühe! er wird da nicht leben bleiben.

Jene Stelle, in welcher Herr Renan mit dem Vertrauen seiner Leser ein so vermessenes Spiel treibt, gibt uns Veranlassung, die Frage über die „Brüder" unseres Heilandes mit einiger Umständlichkeit abzuhandeln, — eine Frage, welche wir in den ersten Auflagen mit Unrecht außer Acht gelassen haben und durch welche hie und da manche Köpfe, die ohne gelehrtes Wissen,

---

1) Donner un poisson d'avril à quelqu'un, wörtlich: Jemanden einen Aprilfisch geben, eine sprüchwörtliche Redensart für: Einen in den April schicken.
         Anm. des Ueberf.

und manche Seelen, die ohne Schutzwehr sind, beunruhigt werden können.

Herr Renan kennt wahrscheinlich diese Frage ganz ebenso gut als wir, der wir nur ein armer Laie sind, der niemals die Soutane getragen, noch die Vorlesungen irgend eines Seminars besucht hat. Es ist nicht möglich, daß er in Bezug auf einen Punkt, der schon so oft in's Licht gesetzt worden ist, irren sollte; aber dieser rechtschaffene Mann mißbraucht gerne die Unwissenheit oberflächlicher Geister und beutet einen Text aus, von welchem er recht wohl weiß, daß er den gerade entgegengesetzten Sinn hat, als welchen er unterlegt. Folgen wir denn dem ehrlichen Manne auf das Feld, wo er sich niederläßt. Es bedarf, um ihn zu schlagen, keiner anderen Waffen, als der Gelehrsamkeit eines Sextaners: was sage ich? keiner andern Waffen, als welche er selbst in seinem eigenen Buche Einem liefert.

Entfernen wir von vornherein jegliche Zweideutigkeit: befragen wir die Grammatik, das Lexikon und den Geist der Sprachen. Bei diesem Lichte werden wir sodann die Wissenschaft und die Redlichkeit des Herrn Renan prüfen.

Zum Ausgangspunkt möge die Erweisung einer

merkwürdigen Thatsache dienen, welche gewiß einem Jeglichen, der ein wenig über die Sprachgesetze nachgedacht hat, aufgefallen ist. Diese Thatsache besteht darin, daß in allen Sprachen, im Lateinischen, im Griechischen, im Hebräischen, im Deutschen, im Italienischen, im Englischen, im Französischen u. s. w. in der Reihe der verschiedenen Ausdrücke, welche die Familienverhältnisse bezeichnen, Eine Bezeichnung, Ein Wort ist, welches zugleich eine besondere und eine allgemeine Bedeutung hat, welches zu gleicher Zeit einerseits die engste und anderseits die entfernteste Blutsverwandtschaft bezeichnet.

Beispiele werden unseren Gedanken klarer machen.

Im Französischen ist es das Wort *parent*, welches diese doppelte Bedeutung hat. „Il est allé voir ses parents" kann das Eine Mal heißen: „**Er wollte seinen Vater und seine Mutter sehen**" (engere Blutsverwandtschaft), und das andere Mal: „Er wollte seine Verwandte sehen" (entferntere Blutsverwandtschaft).

Im Lateinischen, im Griechischen, im Hebräischen war solch ein Wort von doppelter Bedeutung, *frater*, $\dot{\alpha}\delta\varepsilon\lambda\varphi\acute{o}\varsigma$, akh (Bruder), dessen engerer Sinn durch das französische Wort „frère" (Bruder) übersetzt wird, sowie der engere Sinn des Wortes *parents* mit „le père et la mère" (Vater und Mutter); während der weitere Sinn nur ein Glied derselben Familie bezeichnet, einen Vetter, einen Oheim, einen Neffen, mit Einem Worte „un parent" (einen Verwandten). Beweise und Beispiele hiefür gibt es in Ueberfluß, und zieht man das Gedächtniß behufs Citationen zu Rathe, so ist nur die Wahl schwer.

Ovid, den Herr Renan, wie ich hoffe, gewiß nicht der Conspiration mit den Klerikalen und absichtlicher Verfälschung der lateinischen Sprache beschuldigen wird, Ovid in seinen Metamorphosen (XIII, 41.) legt dem Ajax, da er von Achilles redet, das Wort in den Mund: „Est frater, fraterna peto," „es ist mein Bruder; ich fordere, daß er als Bruder handle." Hier haben wir, wenn ich nicht irre, einen ganz offenbaren Fall, wo das Wort „Bruder" keinen anderen Sinn haben kann als den von „Verwandter", weil, wie Jedermann weiß, Achilles der Sohn des Peleus, des Großoheims des Ajax, beide Helden also höchstens Vettern waren. Ovid selbst setzt alle Einzelnheiten dieser Verwandtschaft in den Versen auseinander, welche der Stelle, die wir citirt haben, vorausgehen. Von Verwirrung kann hier also keine Rede sein.

Möchte Herr Renan behaupten, daß Solches nur in der Poesie vorkomme? Wohlan, hier ist Prosa: ich kann keine bessere finden, als die des Tacitus und des Cicero. Rhescuporis hatte einen Neffen mit Namen Cotyus, welcher ermordet wurde. Wie nun drückt sich Tacitus aus bei der Bezeichnung dieser Begebenheit? „*Cotyo fratre interfecto* [1],“ „da sein **Bruder** Cotyus getödtet worden war.“ Ist es klar oder nicht, daß dieser Ausdruck *frater* hier nichts Anderes heißt als „Bruder,“ während es die Bedeutung „Verwandter“ hat?

Cicero, da er von Q. Metellus und von Clodius Nepos redet, welche Geschwisterkinder waren, sagt, daß der Erstere „Bruder,“ *frater*, des Zweiten, um auszudrücken, daß er sein Verwandter sei [2]. Cicero redete damals vor dem römischen Senate, und sämmtliche Senatoren verstanden es. Soll ich seinem „Leben Jesu“ glauben, so würde Herr Renan es nicht verstanden, vielmehr behauptet haben, Cicero könne kein Latein sprechen.

---

1) Annales, III, 38. — 2) In Senat. post red., X.

Im Griechischen finden wir dasselbe. Das Lexikon von Planche drückt sich folgendermaßen aus: „Ἀδελφός, Bruder, in ausgedehnterem Sinne **naher Verwandter**." Das Lexikon von Alexandre gibt außerdem genau die Bedeutung „Geschwisterkind" an. Der Thesaurus linguae graecae übersetzt es unter Anderem mit „Vetter," „Blutsverwandter," „Verwandter," germanus, consanguineus, cognatus. Das hebräische Lexikon von Gesenius faßt sich ebenso deutlich [1]).

Das ist sicherlich mehr als genug. Gleichwohl aber, da es sich um den Sinn handelt, welchen die heilige Schrift diesem Worte gibt, wollen wir durch die Bibel selbst ausmachen, durch die Bibel vor aller Welt und für Herrn Renan ganz unwiderleglich den Beweis liefern, daß er ein . . . : O Wahrheit! vergönne, daß kluge Rücksicht auf Anstand für einen Augenblick deiner Feder Halt gebiete!

---

1) Man sehe sämmtliche hebräische, griechische und lateinische Lexika nach: es gibt auch nicht **ein einziges** (ich sage **kein einziges**), welches nicht deutlich erhärte, was wir hier auseinandersetzen. So steht es mit der Redlichkeit der Herren vom freien Gedanken.

Wohlan denn, schlagen wir die Bibel auf und vergleichen wir einige Verse mit einander. „Thare, sagt die Genesis (XI, 27.), zeugte den Abram, Nachor und Aran. **Aran aber zeugte den Lot.**" Etwas weiter heißt es: „**Lot, Abrahams Bruders Sohn,** wohnte zu Sodoma (XIV, 12.)."

So war denn also ganz offenbar **Lot der Neffe von Abraham.** Nichtsdestoweniger wendet die Genesis vier oder fünf Verse weiter das Wort „Bruder" an zur Bezeichnung der Verwandtschaft, welche jene beiden biblischen Personen verband. „Da nun, heißt es, Abraham hörte, daß **sein Bruder Lot** gefangen sei, musterte er seine geübten, im Hause geborenen Knechte, dreihundert und achtzehn, und jagte nach bis gen Dan... Und er brachte zurück Lot, **seinen Bruder,** mit seiner Habe (XIV, 14 und 16.)."

Angesichts einer solchen Stelle möchte es uns schwer scheinen zu behaupten, daß das Wort „Bruder" in der heiligen Schrift den allgemeineren Sinn „Verwandter" nicht habe.

Schlagen wir indessen noch einige Blätter der Genesis um.

„Nimm dir ein Weib von den Töchtern Labans,

des Bruders deiner Mutter" (XXVIII, 2.), sagt Isaak zu Jakob; und weiterhin: „Da Laban hörte, daß Jakob, der Sohn seiner Schwester, gekommen, lief er ihm entgegen." (XXIX, 13.) Der Grad der Blutsverwandtschaft ist diesen Stellen zufolge außer Zweifel. Es handelte sich um Oheim und Neffe. Weiter. Nachdem Jakob einen Monat bei seinem Oheim Laban gewohnt hatte, welches Ausdrucks bedient sich da gleichwohl Letzterer zum großen Leidwesen des Herrn Renan? „Solltest du mir umsonst dienen, weil du **mein Bruder** bist? Sage, was dein Lohn sein soll!" (Ebendas. 15.) Ist es nicht wiederum ganz offenbar, daß das sagen will: „Sollte ich dir deßhalb, weil du mein Verwandter bist, deine Dienste nicht bezahlen?"

Die ganze Bibel ist voll von derart Beispielen und wir müssen staunen darüber, daß der Professor der hebräischen Sprache am Collège de France sich stellt, als ob ihm kein solches bekannt sei. Wird er sich vielleicht auf das Wort *soror*, „Schwester," zu werfen suchen und sagen, daß was von dem Masculinum „Bruder" gilt, durchaus keine Geltung habe für das Femininum? Diese Ausflucht könnte nur Solche täuschen, welche das Lateinische, Griechische und Hebräische nicht verstehen, und wir wollen hoffen, daß sie Herrn Renan nur zum dritten Theile, allerhöchstens zur Hälfte täuschen kann.

Schlagen wir in der Bibel nach. Tobias heirathet seine Verwandte Sara, die Tochter Raguels, eine ziemlich weitläufige Verwandte, da Raguel einfach der Vetter von dem Vater des Tobias war. (Tob. VII, 2.) Deßungeachtet betet der junge Tobias am Tage seiner Hochzeit folgendermaßen: „Und nun, Herr, du weißt, daß ich nicht der Wollust wegen meine **Schwester** zum Weibe genommen, sondern allein aus Liebe zur Nachkommenschaft, durch welche dein Name von Ewigkeit zu Ewigkeit soll gepriesen werden." (Tob. VIII, 9.) Und nun berufe ich mich auf den allersophistischsten Geist; ich berufe mich auf den entschiedenst Unredlichen; ich berufe mich auf Herrn Renan selbst: ist es bei den Hebräern nicht gebräuchlich, das Wort „Schwester" gerade wie das Wort „Bruder" anzuwenden, um einfache Verwandtschaft zu bezeichnen?"

Merkwürdig, was für unvorhergesehene Folgen auf Erden Etwas haben kann! Sicherlich, weder Abram, als er von seinem Neffen Lot sprach, noch Laban, da er sich an Jakob, seiner Schwester Sohn, wandte, noch

Tobias mit seinem Gebete an dem Tage, da er seine Verwandte Sara ehelichte; weder Ovid, da er seine Verse machte, noch Cicero, da er vor dem Senate redete, noch Tacitus, als er mit kraftvollen Zügen Geschichte schrieb, sie alle konnten nicht ahnen, daß sie durch den naturgemäßen Gebrauch ihrer Sprache einige Jahrtausende vorher die erbärmlichen Spitzfindigkeiten eines Apostaten widerlegen würden, der mit dem Gedanken an seinen Gott in einem verzweifelten Kampfe liegt!

Was nun aber sagt das Evangelium? Das Evangelium wendet nach gemeinem Gebrauche das Wort „**Brüder**" und „**Schwestern**" zur Bezeichnung von Verwandtschaft an. Die Juden waren erstaunt über die unvergleichliche Weisheit, die aus den Reden des Herrn hervorleuchtete, und über die göttliche Abstammung, die er sich beilegte, indem er von seinem himmlischen Vater sprach. „Wie?" sagten sie, „ist er nicht der Zimmermann? der Sohn Mariä? ein **Bruder** des Jakobus, Joseph, Judas und Simon? und sind nicht auch seine **Schwestern** hier bei uns? **Nonne hic est faber, filius Mariae;** *frater Jacobi, et Joseph, et Judae. et Simonis*[1])? Non-

---

1) St. Marc. VI, 3.

ne hic est fabri filius? Nonne mater ejus dicitur Maria et *fratres* ejus Jacobus, et Joseph, et Simon, et Judas? Et *sorores* ejus, nonne apud nos sunt [1]?"

Wer waren nun jene vier Personen, welchen das Evangelium den Namen „Brüder" gibt, in Bezug auf welches Wort wir überreichliche Beweise beigebracht haben, daß es die Bedeutung „Verwandte" habe? Sollten wir mit unserem Satze zu schlimmer Letzt noch auf den Sand gerathen? Möge ein ziemlich unverdächtiger Ausleger für uns antworten: „Die vier Personen, welche hier für die Brüder Jesu ausgegeben werden, und unter denen Einer wenigstens, Jakobus, in den ersten Jahren des Christenthums eine hohe Bedeutung erlangt hat, waren seine Geschwisterkinder. In der That hatte Maria eine Schwester, welche ebenfalls Maria hieß; dieselbe war an einen gewissen Alphäus oder Cleophas (welche zwei Namen Eine und dieselbe Person zu bezeichnen scheinen) verheirathet und Mutter mehrerer Söhne, welche unter den ersten Jüngern Jesu eine wichtige Rolle spielten."

---

1) St. Matth. XIII, 55 und 56.

Wer ist es, der das sagt? Herr Renan selbst in seinem Leben Jesu²). Dieses Eingeständniß ist werth, in's Protocoll aufgenommen zu werden. Was aber die wunderliche Schlußfolgerung anlangt, vermöge deren unser Logiker deßungeachtet darauf kommt, „Jesus habe Brüder und Schwestern gehabt,“ so möge dieselbe hier folgen, wie sie sich aus einer ziemlich verwickelten Stelle seines Buches ergibt: „Allenthalben, wo man einen Namen beibringen kann, bedeutet das Wort „**Bruder**“ „Geschwisterkind;“ allenthalben sonst aber bedeutet es einen wirklichen Bruder.“ „Da haben wir ja leibhaftig die Idee Hegels: „das Ja und das Nein sind identisch,“ eingeführt in das Gebiet der Beweisführung. Unverschämter kann man das Spiel mit aller Wissenschaft und allem gesunden Menschenverstande unmöglich treiben.

Der Verfasser ist sich deß Alles, was wir sagen, recht wohl bewußt, denn er häuft in jener Stelle seines Werkes Dunkelheit auf Dunkelheit, um nicht gefangen werden zu können. Man denkt dabei unwillkürlich an jenen Fisch, der seinem Feinde dadurch zu entgehen

---

1) S. 23—24.

sucht, daß er mit Hülfe ich weiß nicht was für einer klebrigen, schwarzen und stinkenden Materie, die ihm stets zu Gebote steht, das Wasser trüb macht.

Bei Uebersetzung [1]) und Anführung der beiden Stellen, welche wir citirt haben, fügt Herr Renan bei. „Die vier Personen, welche für **Söhne Mariä, der Mutter Jesu,** ausgegeben werden..." Ein ungezogener, Alles gerade heraussagender Mensch würde Herrn Renan erwidern: „Das ist gelogen." Hüten wir uns vor solchem Ungestüm und bescheiden wir uns, diesem so gewissenhaften Historiker zu sagen, daß er sich geirrt hat: „**Söhne Mariä**," filii Mariae, kommt in jenen Stellen schlechterdings nicht vor, die Jeder nachschlagen kann. (Man s. St. Matth. XIII, 55. und St. Marc. VI, 3.) Allerdings: wenn diese Worte im Evangelium vorkämen, so wären sie entscheidend für den Satz, welchen dieser Schriftsteller behauptet; und wir begreifen, daß ein scham- und sittenloser Verfälscher sich versucht fühlen könnte, sie einzuschwärzen oder glauben zu machen, daß sie dastehen. Herr Renan jedoch, der im Seminare auferzogen worden, ist dafür viel zu redlich; **er hat sich nur geirrt.**

---

1) S. 24 in der Anmerkung.

Irrthum ist immer unterstellbar, und wir lassen dem vortrefflichen Herrn Renan die Rücksicht zu Theil werden, welche er selbst den Evangelisten widerfahren läßt. Eben jene Stelle, welche wir angeführt haben, und in welchen den Geschwisterkindern Jesu der Titel „Brüder" gegeben wird, diese Stelle, in Bezug auf welche wir das Eingeständniß des Herrn Renan selbst entgegengenommen haben, läßt den Verfasser des „Lebens Jesu" nur ein bischen in Verlegenheit gerathen. Bald versucht er (aus Unachtsamkeit!) das Wort „Söhne Mariä" einzuschalten; bald sagt er, „der Evangelist habe diese vier Namen irrthümlicher Weise geschrieben statt der wirklichen Brüder, die immer unbekannt geblieben [1])."

Dies Alles erregt Mitleid und Ekel. Und was

---

1) S. 25. — Obgleich es sich hier um den heiligen Matthäus und um den heiligen Marcus handelt, sagt Herr Renan doch im Singular: „der Evangelist," um die ungeheuere Unwahrscheinlichkeit seiner Hypothese zu verschleiern. Der Plural würde an und für sich eine Widerlegung gewesen sein. Ist dies, daß er den Singular gesetzt hat, auch nur irrthümlicher Weise geschehen?

uns vor Allem betrübt, ist, daß wir solche Abgeschmackt=
heiten zu widerlegen genöthigt sind, und daß wir in
einer Zeit leben, wo es nicht an Christen fehlt, die mit
den Evangelien und den heiligen Schriften so wenig
vertraut sind, daß sie, wäre es auch nur für einen
Augenblick, durch derartige Vorspiegelungen irre ge=
macht werden können. Aber auch abgesehen von aller
Wissenschaft muß Einem nicht der allergemeinste Men=
schenverstand sagen, daß, wenn seit Jesu Christo, seit
achtzehnhundert Jahren die Millionen und Millionen
Christen, die auf Erden auf einander gefolgt sind, an
die Jungfräulichkeit Mariä geglaubt haben; daß dann,
sage ich, jener ganz materielle und aus dem Unter=
schiede der französischen und hebräischen Sprache sich
ganz von selbst ergebende Einwand tausendmal auf=
geklärt worden sein muß? Ist es möglich, zu mei=
nen, daß es fast zweitausend Jahre bedurft hätte, um
eine so einfache Sache wahrzunehmen, nämlich, daß im
Evangelium das Wort „Brüder" vorkommt, und um
sich zu fragen, was es bedeutet? Wir sagen noch ein=
mal, es ist schmerzlich, daß man in diesem „Zeitalter
der Aufklärung," wie gewisse Leute sich ausdrücken,
unter der Gefahr unvollständig zu sein, auf so längst

vergessenes abgedroschenes Zeug Antwort geben muß, für welches unsere guten Vorfahren, die altfränkischen Christen, nur Achselzucken und Spott als Antwort gehabt haben würden.

Möge nun immerhin Herr Renan, um sich das Ansehen eines Gelehrten zu geben und dem gemeinen Manne Sand in die Augen zu streuen, Namen, welche allgemein gang und gäbe sind, in ein hebräisches und semitisches Gewand kleiden; möge er statt Judas Iskariot schreiben „Juda von Keriot;" möge er sagen „die Thora" statt „das Gesetz;" möge er die Propheten „Nabi's" nennen, die Schriftgelehrten „Soferim" und den Vorsteher der Synagoge einen „Hazzan;" möge er reden von den „Targum," von den „Midraschim," von den „Theraphim": das hilft so wenig, seine Gelehrsamkeit zu beweisen, so wenig es hilft, Chlodowig statt Clovis und Karl statt Charlemagne zu schreiben, um zu erhärten, daß man die Geschichte Frankreichs kenne. Uebrigens in den Augen der Schwachköpfe wird allerdings etwas damit erreicht, und im Grunde genommen schreibt Herr Renan nur für diese. Ueber diese zahlreiche Klasse will er das Scepter schwingen. Allerdings kann ihm das

„Leben Jesu" unter dieser Hefe gar manche Stimme gewinnen; aber in den Augen jedes ernsten Geistes, nach dem Urtheile jedes gebildeten Mannes setzt dieses Buch seinen Verfasser schimpflicher Weise aus der Reihe der Geschichtsschreiber, der Philosophen, der Gelehrten heraus, um ihn unter die Menge von Romanschreibern mitten inne zwischen Paul de Kock und Ponson du Terrail zu verweisen.

X.

Genug damit. Wenn Herr Renan seine Gedanken zu entwickeln versucht, zeigt er dieselbe Stärke, wie bei Gelegenheit der Erzählung von Lazarus, sowie bei der Erörterung bezüglich des heiligen Johannes leicht zu bemerken war. Jedermann kennt schon seine Haupttheorie in Bezug auf das Wunder und wie er Gott in die Nothwendigkeit versetzt, bevor ein Wunder von ihm vollbracht werde, erst die verschiedenen Sectionen des Instituts zusammenzurufen. „Gesetzt, er kündigte an, daß er einen Todten aufzuerwecken vermöge: was," so fragt sich Herr Renan, „wäre in diesem Falle zu thun? Es wäre eine aus **Physiologen, Physikern, Chemikern und geübten histo-**

rischen Kritikern zusammengesetzte Com=
mission zu ernennen. Diese Commission hätte
den Leichnam zu wählen, sich deß zu versichern, daß der
Tod wirklich erfolgt sei, ferner das Zimmer zu bestim=
men, wo der Versuch angestellt werden solle, das ganze
System von Vorsichtsmaßregeln festzusetzen [1]) u. s. w.
u. s. w." Das Alles ist possirlich, und das gute Paris
hat vierzehn Tage lang über diese ernsthaften Schwänke
gelacht. Aus den Departements erschallt das Geläch=
ter jeden Augenblick in den Provinzial=Journalen; das
wird so fortwähren, bis das Buch vergessen ist, was
nicht lange ausbleiben wird.

Schließen wir diesen Roman. Wir könnten ein
ganzes Buch schreiben von allen seinen ungeschickten
Sophismen, von allen seinen aus der Luft gegriffenen
und ungereimten Behauptungen, von allen seinen ver=
stümmelten Citationen, von allen seinen handgreif=
lichen Widersprüchen. Dazu haben wir weder Lust
noch Zeit. Nach solchen Proben kann es nicht schwer
sein, über das Uebrige zu urtheilen. Der Leser ver=
mag zu ermessen, wie schwer die Wissenschaft dieses

---

1) Einleit. S. 40.

Gelehrten, die Zuverläßigkeit und historische Treue dieses Bekämpfers des Christenthums wiegen.

Ueberdies ist diese ganze Arbeit schon von Anderen mit entschiedener Ueberlegenheit vollbracht. Hierauf verweisen wir einen Jeden, der begierig sein sollte, das Studium dieses ungesunden Werkes bis in's Einzelnste zu verfolgen [1]).

Ein Gedanke drängte sich uns je mehr und mehr auf, als wir den dicken Band lasen, der zugleich ein so winziges Buch ist. Wie ist es möglich, sprachen wir zu uns, daß ein gelehrter Mann, der an das Studium und den Ernst der Erörterung gewöhnt ist, gewisse schülerhafte Ideen,

---

1) Namentlich führen wir hier an die trefflichen Ausschreiben und Briefe der hochwürdigsten Herren Bischöfe, die sehr gelehrten und sehr vollständigen Schriften von Freppel, Professor an der Sorbonne, Felix Nicolas u. s. w. u. s. w. Will man von Herrn Renan eine vollständige Vorstellung haben, so muß man auch das ausgezeichnete Buch von Ernst Hello lesen: „Herr Renan, der Atheismus und Deutschland im neunzehnten Jahrhundert;" dieses Werk gehört zu dem Kräftigsten und Trefflichsten, was seit langer Zeit geschrieben worden.

gewisse offenbar ungereimte Auseinandersetzungen, gewisse Beweisführungen wagte, die so erbärmlich sind, daß ein Kind sie zu widerlegen im Stande wäre? Von solchem Allen wimmelt es in seinem Werke. Das ist sonderbar, dachten wir; dahinter steckt ein Geheimniß.

Und so blätterten wir in dem Werke, indem wir flüchtig den Text ansahen und uns jenen Gedanken überließen, als auf Einmal unsere Augen auf folgende Stellen fielen, die uns Licht gaben und in denen vielleicht der geheime Gedanke des Buches ausgesprochen ist. Herr Renan redet von den Wundern, welche Jesus vollbracht hat, und ist in Verlegenheit, wie er es erklären soll, daß der Heiligste, der Reinste und Größeste der Menschen doch zu Trug, Täuschung und Gaukelei seine Zuflucht genommen habe, um seine Lehre in Aufnahme zu bringen. „Die Wunder," so beginnt er, „galten dazumal für das unerläßliche Kennzeichen des Göttlichen und für das Merkmal prophetischer Berufung. Die Sagen von Elias und Elysäus sind voll davon. Es war angenommen, daß der Messias deren viele verrichten werde ... So hatte denn Jesus zwischen zweien Dingen zu wählen: entweder mußte er seiner Mission entsagen oder Wunderthäter werden... Ueberdies muß man sich vergegenwärtigen, daß jegliche Idee etwas von ihrer Reinheit einbüßt, sobald sie sich in Wirklichkeit zu setzen sucht. Man gelangt nie zum Ziele, ohne daß das Zartgefühl der Seele einige empfindliche Verletzungen erleidet. Das ist die Schwäche des menschlichen Geistes, daß die beste Sache in der Regel nur durch schlechte Gründe gewonnen wird[1])!" „Eine absolute Ueberzeugung, oder besser gesagt, der Enthusiasmus, der Jesu jede Möglichkeit des Zweifels benahm, bedeckte alle diese Wagnisse. Wir mit unseren kalten und ängstlichen Naturen begreifen schlecht, wie man so gar nicht mehr sich selber angehören, sondern nur noch die Idee selbst sein kann, zu deren Apostel man sich macht... Redlichkeit und Trug sind Worte, welche in unseren strengen Gewissen wie zwei ganz unvereinbare Endpunkte einander gegenüberstehen. Im Oriente aber gibt es vom Einen zum Anderen tausend Ausflüchte und tausend Winkelzüge. Die Verfasser der apokryphischen Bücher (von Daniel und Henoch zum Beispiel), sehr begeisterte Leute, begingen für ihre Sache, und ganz sicher ohne

---

1) S. 256—258.

irgend ein Bedenken, einen Act, welchem wir den Namen Trug geben würden. Die Wahrheit an und für sich hat nur geringen Werth für den Orientalen; er siehet Alles durch seine Ideen, Interessen und Leidenschaften hindurch." "Die Geschichte ist unmöglich, wenn man nicht kühnlich zugibt, daß es für die Redlichkeit verschiedene Maßstäbe gibt. Alles Große geschieht durch das Volk; und das Volk vermag man nicht zu führen ohne Anbequemung an seine Ideen. Der Philosoph, der dies weiß, und sich daher zurückzieht, um sich in seiner Erhabenheit auf sich selbst zu beschränken, ist kühnlich zu loben. Derjenige aber, welcher die Menschheit mit ihren Einbildungen nimmt, wie sie ist, und auf sie einzuwirken und mit ihr zu wirken sucht, darf nicht getadelt werden!... Wir Andere in unserer Ohnmacht mögen leicht dies Trug nennen, und stolz auf unsere blöde Rechtschaffenheit mit Geringschätzung jene Helden behandeln, welche unter ganz anderen Bedingungen den Kampf des Lebens aufgenommen haben. Erst aber, wann wir mit unseren Bedenklichkeiten werden ausgerichtet haben, was Jene mit ihren Täuschungen zuwege gebracht, erst dann werden wir das Recht haben, strenge gegen sie zu sein... Der einzige Strafbare in diesem Falle ist nur die Menschheit selbst, welche betrogen sein will [1]." „Bringen wir doch nicht," sagt er anderswo in Bezug auf den nämlichen Gegenstand, „bringen wir doch nicht unsere kleinlich spießbürgerlichen Programme mit zu diesen außerordentlichen Bewegungen, die so weit unsere Fassungskraft übersteigen [2]." Und noch später, am Ende des Bandes, wo er auf diese selbige Idee zurückkommt und Mark-Aurel um deßwillen lobt, daß er nicht Wunder gewirkt wie Jesus, fügt er hinzu: „Aber Mark-Aurel und seine edlen Lehrer sind ohne dauernden Einfluß auf die Welt gewesen. Mark-Aurel hinterließ vortreffliche Bücher, einen verruchten Sohn und eine hinsterbende Welt. Jesus aber bleibt für die Welt eine unerschöpfliche Quelle sittlicher Erneuerungen [3]."

Das ist die Theorie des Herrn Renan von der literärischen, philosophischen und religiösen Ehrlichkeit.

Man darf lügen, trügen, heucheln, sich an Wundern versuchen, Gaukelspiele treiben, die Welt täuschen,

---

1) S. 252 und folg. — 2) S. 125. — 3) S. 451.

nur um seiner Idee zum Triumphe zu verhelfen. Für den Sieg der Idee ist Alles erlaubt: Der Zweck heiligt die Mittel.

XI.

Was ist nun an diesem Buche, und woraus erklärt sich sein vermeintlicher Erfolg? Und vor Allem, welches ist dieser Erfolg?

Dieser Erfolg wäre anzuschlagen, wenn man denselben aus der Zahl der Exemplare, welche der Herausgeber verkauft zu haben prahlt, und aus dem Aufsehen, welches man von dem Werke gemacht hat, beurtheilte. Aber nur Einfaltspinsel lassen sich dadurch täuschen. Der Erfolg kann nicht nach den Summirungen des Buchhändlers berechnet werden und hat selbst mit dem durch ein Buch verursachten Lärm nichts zu thun. Er wird nach viel höheren Rücksichten bemessen.

Man hat dieses Werk viel gekauft, das ist wahr; aber wenn jedes verkaufte Exemplar vierzig Sous der „Gewissensfreudigkeit des Herrn Renan" hinzufügt, so trägt es auf der anderen Seite mit unberechenbarer Kraft dazu bei, seinen Ruf als Gelehrter von der Wurzel bis zum Gipfel zu vernichten. Lärm und Ruhm sind nicht Eins und Dasselbe, das möge Herr Renan sich wohl merken; und durch seinen commerciellen Erfolg wird in keines Menschen Augen seine unermeßliche Niederlage in wissenschaftlicher Hinsicht verdeckt. Herr Renan empfand Langeweile bei ernsten Arbeiten, wie gewisse Mädchen durch ein arbeitsames Leben gelangweilt werden; und er hat diesen Roman veröffentlicht, so wie Jene durch einige doppelsinnige Worte oder durch zweideutige Tänze ihren Eintritt in die lüderliche Welt bewerkstelligen. Es ist ihm wie diesen Damen geglückt, unter Leuten, die ihn bisher nicht kannten, bekannt zu werden. In solchem Falle beginnt der Ruf genau mit demselben Augenblicke, wo die Achtung aufhört, und kann alsdann als weithin erschallende Schande bezeichnet werden [1]). Herr Renan hat sich von dem Publikum der Wissenschaft hinweggewandt zu dem Publikum der Romane; und wenn er für den Augenblick einen Theil des letzteren für sich gewonnen hat, so ist dieser Gewinn nur mit dem

---

1) Es ist offenbar, daß diese Worte nur auf den wissenschaftlichen Werth des Herrn Renan Bezug haben. Es würde uns sehr leid sein, wenn man uns mißverstände.

Verluste des ersteren auf immer und ewig erkauft. Er hat die Studirstube verlassen, um einen Aergerniß erregenden Erfolg auf der Straße zu suchen. Er hat die Leute zusammengerottet, wir leugnen es nicht, und seine Waare an Mann gebracht. Wir neiden ihm den Haufen Zwanzigfrankstücke nicht, den er auf solche Weise gesammelt hat.

Das Aergerniß und das an Aergernissen sich ergötzende Publikum das ist also das erste Element dieses sogenannten Erfolges.

An dem anderen Ende der Leiter hat das achtungswertheste und vornehmste Publikum ebenfalls (und zwar zu allermeist) zu dem Abgange dieses schlechten Buches beigetragen. Wenn man einen Angriff auf Jesum Christum macht, kann man stets darauf rechnen, daß die Christen herzulaufen. Die Christen waren begierig, dieses so geräuschvoll angekündigte Buch, in welchem die Grundlagen ihres Glaubens und zwar die Ehre ihres Gottes angegriffen wurde, kennen zu lernen, um dasselbe zu bekämpfen und seine Beweisgründe umzustürzen. Drei Viertel der Exemplare zum Wenigsten sind an Katholiken, an Priester, an Ordenspersonen abgesetzt worden. Darauf hatte Herr Renan sicherlich gezählt. Indem er diese Anklageschrift gegen Jesum Christum niederschrieb, mußte er recht wohl, daß sei[n] Werk aus den eben angegebenen Gründen fast vo[n] sämmtlichen Geistlichen würde gekauft werden: er fähr[t] also fort, vom Altare zu leben.

Was ist denn nun an diesem Buche? frage i[ch] noch einmal. Es ist nicht übel geschrieben, wie wir scho[n] gesagt haben. Indem der Gedanke und die Wissen[-] schaft den Verfasser nicht kümmern, hat er alle Kraf[t] auf die Form gewandt.

Nachdem die Gottheit in Jesu Christo mit Still[-] schweigen übergangen worden, bietet Herr Renan di[e] Geschichte eines Menschen, und er thut dies mit jene[r] Eleganz des Styles, die ich keineswegs in Abrede stel[-] len will. Das hieße dem armen Naboth seine[n] Weinberg nehmen, es hieße einen Heller aus de[r] Büchse eines Blinden stehlen, wenn man diesem Pub[-] licisten sein einziges Verdienst und seinen einzige[n] Reichthum rauben wollte. Lassen wir ihm das: Her[r] Renan versteht zu schreiben. Und insbesondere ver[-] steht er es, wenn er eine Idee des Evangeliums weg[-] schneidet, den leeren Platz, der dadurch entsteht, mi[t] einem schönen Worte zu verdecken.

Was das Anziehende der Darstellung betrifft, so bedurfte es zu dessen Hervorbringung weit weniger Kunst, als die Unwissenden sich einbilden, welche niemals die Evangelien gelesen haben. Selbst wenn man von der Gottheit in Jesus Umgang nimmt, übertrifft er doch unermeßlich sämmtliche Persönlichkeiten, welche seit dem Beginn der Welt in dem beweglichen Panorama der Geschichte nach einander aufgetreten sind. Selbst als Mensch ist er noch immer das Licht der Welt, und es ist keineswegs zum Staunen, daß das Leben seiner „Menschheit," gesetzt auch, daß sie verstümmelt, verringert und entstellt würde, trotz alledem einen unvergleichlichen Glanz behält. Würde man auch mit aller Mühe drei Viertel der Sonne verdecken, so würde sie darum doch nicht weniger sämmtliche Oellampen in Schatten setzen. So erklärt sich das Interesse, welches sich an dieses Buch heftet: es haftet an der göttlichen Person, die seinen Gegenstand ausmacht, und nicht an dem armen Verfasser, der dieses ewige Thema mit seinen Redensarten verunziert hat.

Auch dies ist merkwürdig: die Menschheit Jesu Christi ist in der geschichtlichen Wirklichkeit so strahlend von dem Abglanze seiner Gottheit, daß, wenn auch nur der Mensch in's Auge gefaßt wird, man doch nothwendig die Gottheit erkennen und bekennen muß. Das ist auch Herrn Renan selber, vermöge einer Inconsequenz, womit es vielleicht allein entschuldigt werden kann, widerfahren. In dem letzten Absatze seines Buches, mit dem letzten Worte bekennt er, daß Jesus Christus ein „Halbgott [1]" sei. Nun, Halbgott oder Gott, das ist ganz Eins; denn Gott ist untheilbar. So muß denn also Herr Renan, nachdem er ein Buch zu schreiben unternommen, um zu erhärten, daß Jesus Christus nicht Gott ist, er muß, sage ich, auf dem letzten Blatte die Wahrnehmung machen, daß ihm unterwegs sein Satz abhanden gekommen, und daß, tausend Anstrengungen zum Trotze, aus seiner Darstellung hervorgeht, daß diese Persönlichkeit mehr als ein Mensch war. Bestürzt darüber, ihn so über das menschliche Geschlecht sich erheben zu sehen, sucht er seinem unwiderstehlichen Aufsteigen Einhalt zu thun und ihn auf die Stufe des Halbgottes zu bannen. Eitler Versuch! Jesus steigt empor bis zu seinem Vater, von

---

1) S. 458.

wo er kommen wird zu richten die Lebendigen und die Todten.

Kommen wir zum Schlusse:

Sechstausend Jahre sind es, seitdem dem Messias auf den Altären von Seiten des Menschengeschlechtes Anbetung zu Theil wird. Viertausend Jahre durchlebte die Welt in dem Harren auf ihn; seit fast zwanzig Jahrhunderten lebt sie von der Erinnerung an ihn. Der Christus-Gott ist die Hoffnung der Armen, der Trost Derer, welche leiden, der Zügel Jener, welche der Reichthum zum Egoismus treibt: für Alle ist er der Weg, die Wahrheit und das Leben. Der Christus-Gott ist das heilige Erbtheil der Seelen und der Schatz der Erde. Er lebt in den Sacramenten, er lebt und macht lebendig. Er ist der heilige Schrein, wo man das Brod findet, die Quelle, aus der alle Geschlechter ihren Durst stillen. Nicht zufrieden nun damit, daran keinen Theil zu nehmen, möchten gottesmörderische Herzen auch noch die Quellen versiechen machen, aus denen sie nicht trinken. Sie suchen Gott auszutilgen und dadurch den menschenmörderischen Wunsch des Nero zu verwirklichen, denn Gott ist das Haupt des Menschengeschlechtes, von welchem Alles sein

Leben erhält. Von Zeit zu Zeit erheben sie sich in ihrem elenden Hochmuthe; sie künbigen an, daß sie Dem, der das Leben ist, den Todesstoß versetzen wollen, und zeigen nur die Verkehrtheit ihres Sinnes und offenbaren ihre lächerliche Ohnmacht. Sie erheben ihr Geschrei, schießen ihren Pfeil gegen den Himmel und dann sterben sie; und die Jahrhunderte gehen ihren Gang fort, indem Jene in Vergessenheit sinken. Aber auch die Jahrhunderte werden vergehen, Christus aber bleibt und wird bleiben in Ewigkeit.

Christus resurgens jam non moritur[1]).

---

1) Christus, nachdem er von den Todten auferstanden ist, stirbt nicht mehr. (Röm. 6, 9.)

Anhang.

Möge die häufige Anwendung des Wortes „Gott" in dem „Leben Jesu" von Seiten des Herrn Renan Niemanden täuschen. Herr Renan selbst hat von vorn herein erklärt, daß er sich desselben nur bediene aus Anbequemung an die Gewohnheiten der Sprache und an die Geistesschwäche der Einfältigen. Er hat selber in dieser Hinsicht sein Glaubensbekenntniß in seinen „religiösen Studien" abgelegt. Er sagt darin gleich zu Anfang, daß Gott ist, und daß alles Uebrige nur zu sein scheint. Was er aber im Grunde von dieser Existenz denkt, das ist klärlich in folgender Stelle ausgesprochen. Ihm zufolge ist die Existenz Gottes durchaus keine lebendige, sondern eine rein metaphysische, wie die zum Beispiel, welche er dem Raume und der Zeit beimißt. Uebrigens möge hier folgen, was er sagt:

„Denjenigen, welche, indem sie von dem Gesichtspunkte der Substanz aus die Sache ansehen, mich fragen werden: Hat nun dieser Gott ein Sein oder hat er es nicht? denen werde ich antworten: Dieser Gott ist Der, welcher ist, während alles Uebrige nur den Schein des Seins hat. Aber gesetzt auch, daß für uns Philosophen ein anderes Wort den Vorzug verdiente (abgesehen davon, daß die abstracten Worte die wirkliche Existenz nicht deutlich genug bezeichnen[1]), so würde es uns zu einem unberechenbaren Nachtheile gereichen, daß wir dadurch alle poetischen Quellen der früheren Zeit uns abschnitten und uns durch unsere Sprache von den Einfältigen schieden, die Gott in ihrer Art so vortrefflich anbeten. Da das Wort Gott die Achtung der Menschheit für sich hat, da es verjährt ist und in all den schönen Dichtungen angewandt wird, so würde das Aufgeben dieses Wortes nichts Anderes sein als ein Umsturz sämmtlicher Gewohnheiten der Sprache.

---

1) Es ist offenbar, daß diese Worte, welche wir in Parenthese setzen, nur einen Schein von Achtung gegen das Vorurtheil wahren sollen, wie das aus dem Folgenden hervorgeht.

Wenn ihr den Einfältigen sagt, sie sollten leben in der Sehnsucht nach dem Wahren, Schönen und sittlich Guten: so werden diese Worte schlechterdings keinen Sinn für sie haben. Wenn ihr ihnen aber sagt, sie sollten Gott lieben, Gott nicht beleidigen: so werden sie euch vortrefflich verstehen. Gott, Vorsehung, Unsterblichkeit sind ebenso viele gute alte Worte, nur etwas schwer, Worte, welche die Philosophie in immer feinerem Sinne auslegen, deren Stelle sie aber nimmer mit Vortheil durch andere Worte ausfüllen wird. Unter der einen oder anderen Form wird Gott immer der Inbegriff unserer übersinnlichen Bedürfnisse sein, die Kategorie des Ideals (das heißt die Form, unter der wir das Ideal begreifen), gleichwie Raum und Zeit die Kategorieen der Körperwelt sind (das heißt die Formen, unter welchen wir die Körperwelt begreifen). Mit anderen Worten: wenn der Mensch hintritt vor das, was schön, wahr und gut ist, so geht er aus sich selbst heraus und vernichtet, durch einen himmlischen Reiz erhoben, seine armselige Persönlichkeit, er begeistert sich, er geht in dem Höheren auf. Was Anderes kann das sein als Anbetung?"

Dies scheint uns hinlänglich deutlich zu sein, der absolute Atheismus in fast völliger Nacktheit.